人生は80歳からがおもしろい

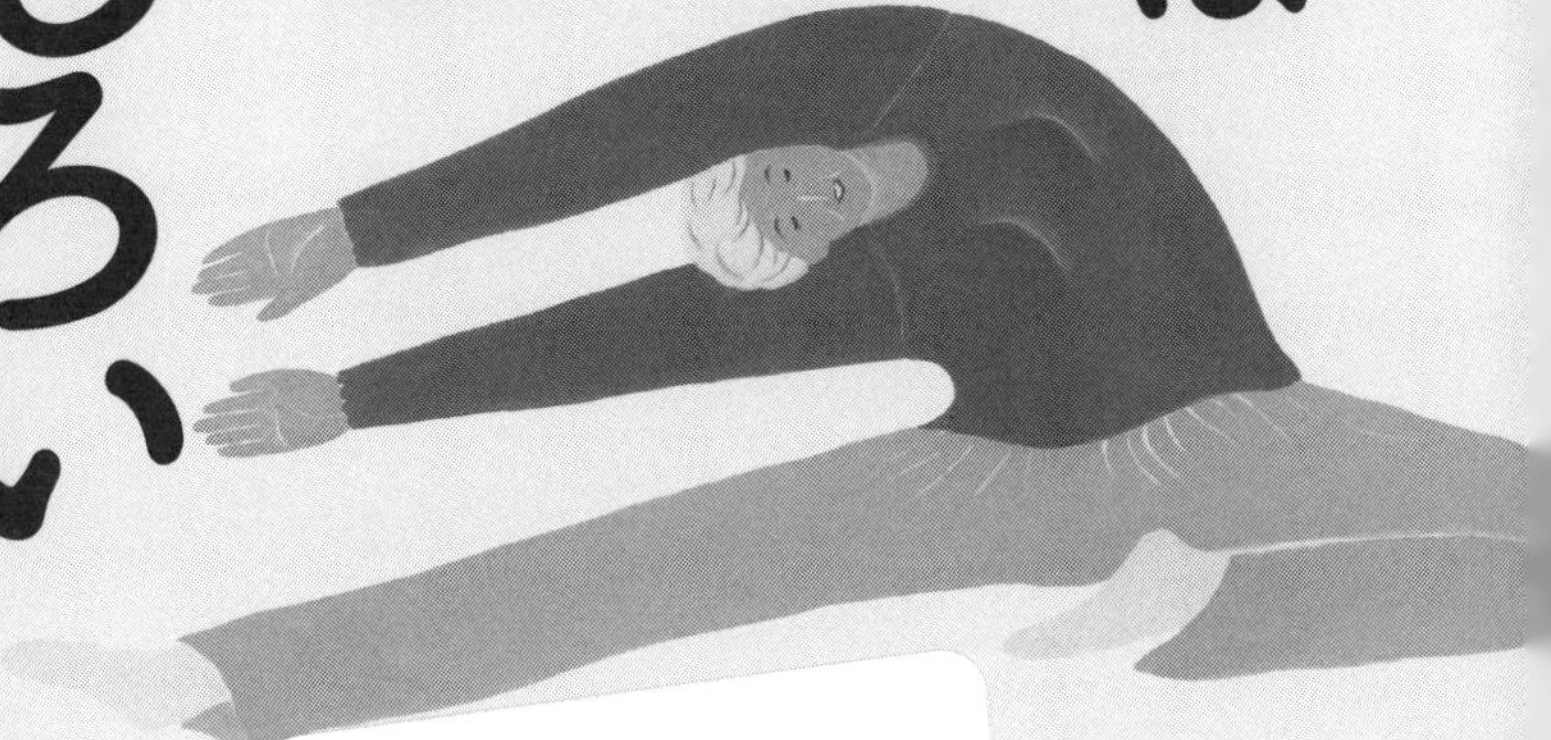

吉川幸枝

アスコム

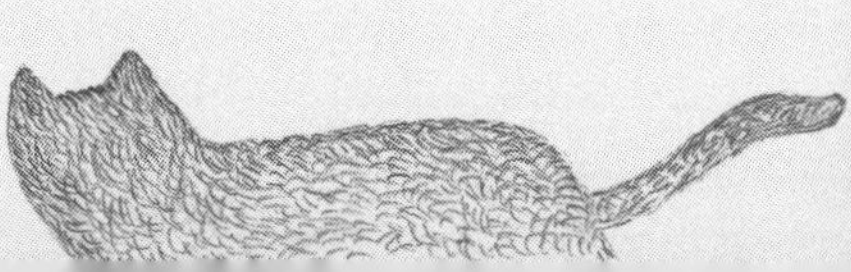

はじめに

もう歳だから。あとはどうせお迎えを待つだけだから。

人生つつがなく、何事もなく過ごせればいい。

まわりに迷惑をかけないよう、年寄りらしく余生を楽しめたらいい。

80代のみなさん、もしかして、そんなふうに考えていませんか。

ちょっと待ってください。

今が「余生」だなんて、なぜそう思うのでしょう。

80代が「余りの人生」って、本当にそうなのでしょうか。

私は今88歳ですけど、余生なんてとんでもない！

自分の中のダイヤモンドの原石を光らせたいって、そう思ってます。

まだまだやれることがある、もっと自分を磨ける。

今が本番、これからが人生本番！


私は吉川幸枝《さちえ》と申します。

株式会社よし川の代表取締役社長をしている、現役の経営者です。

私は、今も「歩く百億円」なんて言われていますけど、13人きょうだいの末っ子として生まれました。幼いころは、おにぎり一つさえ食べられない生活でした。


でも、自分の人生を、悲観したことは一度もありません。

88年生きた今だって、昨日よりも今日、今日よりも明日がよくなるって努力しています。努力は少しつらいけど、すればするほど自信がつくものだから。

よく、人生のピークは20代だの40代だの言いますけど、そんなの人それぞれ。

若いころが人生のピークだなんて、そもそも誰が決めたのかしら。

私は今がピーク。孤独、さみしさ、悲しさを変化させる方法を知っているから。


ワインだったら、熟成したほうが飲みごろよね。

それって、**歳を重ねるほど魅力が増すってこと**です。

人も、ワインと一緒で、熟成するほど味わいが深まる、歳をとればこそ、本来の力が発揮されることもあるんじゃないでしょうか。


だから、年齢に惑わされないで。

歳だから、もうできることなんかない、なんて思わないで。

私にはできるって信じて、できることを見つけて、もっといろんなことにチャレンジしましょうよ。

そりゃ、80代ともなると体は衰えます。
痛いところも増えるし、体も思うように動かなくなる。
若いころのようなわけにはいかないって、私だって思うことがあります。

でも、だからって、歳をとることは、悲しいことなんでしょうか、不幸なことなんでしょうか。

若いころと比べれば、できないことも増えるでしょう。
だけど、歳を重ねたからこその、今のあなたですよ。

大地に根をおろす大木を想像してください。その幹は、年々太くなり、さまざまな小動物たちがその幹や枝を行き来する。派手さはないかもしれません。でも、森にとっては重要な役割を担っている。
私たち人間だって、同じことじゃありませんか！

それなのに、「できないこと」「できなくなったこと」に目を凝らして、自分を卑下していては、ちっとも人生楽しくありませんよね。そういう気持ちになると、体だって衰えたりするもの。

ここまで頑張って生きてきたのに、自ら衰えさせて不自由になっていくなんて、そんなもったいない話ありますか。

ある調査によれば、**人は歳をとると幸福度が上がる**んだそうです。

それはきっと、いろんなものから解き放たれて、自由になるから。

経験値が上がって、怖いものなしになるから。

歳をとるって怖いことみたいに言われますけど、本来自由に、そして怖いものなしになれる、すごくハッピーで楽しいことなんですよ。

本書では、経営者として、女性として、母として学び経験した私が、**80代からの人生を輝かせる、ちょっとした知恵をお伝えします。**

老後のお金や健康を守る、実践的なアドバイスです。

円熟の境地をより豊かにする人生のコツを、みなさんと共有できればと思います。

読めばきっと、「人生これから！」「80代、まだまだいける」って思えるはず。

そう、**人生は80代からがおもしろいんです！**

生きられるだけ、生きてみましょうよ。本書を手に、もっと楽しく、さらに人生を充実させる道を一緒に歩んでいきましょう。

吉川　幸枝

もくじ

はじめに 2

第1章 80歳、ここから先を輝かせる考え方

「90歳が人生の折り返し」くらいに思って生きる 16
「非常識の窓」を開こう 23
「自分勝手」でいいんです 30
たとえ自分が悪くなくても、頭を下げて謝る 36
「欲」を持とう、力をつけよう 「欲こそ力」 44
「脳みそちゃん」と仲良くする 50
女として美人であること 54

100年生きるために欠かせない「二つのこと」 60

第2章 80歳からのお金は、脳トレにしてしまおう

ずっと働くことのすすめ 68
稼ぎたかったら、見栄は禁物 73
節約だって立派な「金儲け」 79
10年分の下着を一度に買う 85
贅沢はしない、だけどゴージャスに生きる 91
「三割貯金」のすすめ 96
お金がないのは、「首がない」のと同じ 102
無駄遣いは「お札をハサミで切る」のと同じ 106

第3章 シニアこそ、食べることで健康体を手にしよう

食べることは生きること 114
体を「赤字」にしない 117
100年もつ食べ物を常備する 123
「黒豆」を3秒で作っちゃう方法 129
私の体はお出汁でできている 133
「アク」こそ「力」　アクのある人になろう 140
果物のみずみずしさをいただく 144
自分の「胃ちゃん」と会話しよう 148

第4章 いつまでも美しく、ピンピンでいるための心得

心と体を「スルメ」にしない 156
リビングでキッチンで、「吉川流 ながらストレッチ」 166
「大声ウォーキング」でストレス解消 174
歳に抗いたかったら、まず鏡を見る 179
美肌のコツは「お肌をお嬢ちゃんにしない」こと 186
顔はお客様をお迎えする玄関 191
乾燥は大敵！ デリケートゾーンケアの大切さ 195
「濡れないのは歳のせい」じゃない 202
女は頭より「お尻」が大事 206

第5章 80歳からの人づきあいは、付かず離れず

一人でも「自分を支えられる人」になる 214
グチをこぼして過ごすより、自分から働きかけよう 220
御位牌を作ってもらえるだけで儲けもの 227
「揉め事のタネ」を遺さない 232
大事な人を失う前に、考えてほしいこと 239

第6章 限りある人生を凛として生きていく

自分のご機嫌をとる二つの方法 250
テレビに向かって会話しよう 257

メモして振り返り、記憶を定着させる 263
「モノを捨てる」に執着しない 269
「少し嫌がる」「少し無理する」が、健康や若々しさを保つ 275
ただ、ぼーっと歩くのをやめる 280
人生のハンドルを握るのはあなた 286
「幸せ側」になるまで、ジタバタしてみる 292
あとがき 300

第1章

80歳、
ここから先を輝かせる
考え方

「90歳が人生の折り返し」くらいに思って生きる

あなたは、何歳まで生きるつもりでいますか。
90歳ですか。人生100年時代だから、目標は100歳ですか。

私は120歳まで生きるつもりで、人生設計をしています。今88歳だから、まだあと30年以上の時間があるつもりで。

たわけたこと（バカなこと）言って、そんな歳まで生きられるはずがないじゃない！って思うかもしれませんけど、実際に120歳まで生きられるかどうかは問題じゃないの。そういうつもりで、**人生に先があると思って生きたほうが楽しい**んじゃないでしょうか。

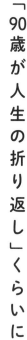

「120歳まで生きる」と思ったら、90歳なんてただの通過点。私は、まだまだ人生の折り返しくらいの感覚でいますよ。

歳をとるとどうしたって、肌艶も衰えるし、体の動きも鈍くなる。

今まで当たり前にできていたことができなくなったり、衰えてきたりすると、どうしてもそっちに気がいきますけど、「歳をとる」って悪いことばかりじゃないの。

これまでにウン十年と積み上げてきた経験があるはずだから。

例えば、若い時には気に障《さわ》ったようなことが、今では大したことのない問題に思えたりしませんか。

それって、ちょっとしたことでイライラして心が乱されたりしなくなって、あなたの幸せが増えることと同じなんです。

だから私は、**90歳で「人生で一番イケてる自分を作ってやろう」って思って生き**

ています。

90歳が折り返しだったら、120歳までだって生きられるはず！

人生あと30年生きると思えば、いろんなことができます。
70、80歳になって就職してもいい。私たちが走りとしてやっていって、あとの人のための道を作りたいわ。

こんなことを言うと、みなさん驚くかもしれません。

「90歳は折り返しじゃなく、人生の終点でしょ」

「90歳になったら、あとはもうお迎えを待つだけでしょ」

そう思う人もいるでしょう。


でも、そんなふうに考えたらいけません。「こんな歳だから、もう死んでいくだけ」

なんて思ったら、そうなっちゃう、本当に終わっちゃう。

なぜかというと、心の中でそう思うことは、**「早く死ぬ」ということに自ら進んで向かっているのと一緒だから。**残された人生の時間を、自分を「死」のほうへ引っ張るために使っているのと同じことだから。

そんなの、つまらないし、バカバカしいと思いませんか。

同じ時間を費やすなら、死ぬことじゃなく、楽しく生きるために使ったほうが、ずっといい。

歳をとるほどに、よく見えてくるもの

今日を生きる、明日を生きる、今この時を必死に生きる。

そうすれば、年齢なんてものは、そんなに気にしなくなってきますよ。

どうせ、人間は、時間を遡《さかのぼ》れません。**だから今、この瞬間があなたの一番若い時なはずです。**そこを、楽しみましょう。

私なんて、自分の年齢がわからなくなることがしょっちゅうです。10年前と今の自分との違いがよくわからなくなることだってあるんです。

「ともかく生きるんだ」ということしか考えていないから、年齢がわからなくなっちゃうんでしょうね。

と言っても、たまにはあります、「あ、衰えたな」と感じることが。「もう歳なんだな」という気持ちに引きずり込まれそうになることが。

そういう時は、はたと我に返るようにしています。

物事は合わせ鏡のように、良いことがあれば悪いことだってある。だから、私は不安な気持ちになったら、それをプラスに変換しちゃう。こんなふうに。

「あんた、そうじゃないでしょ、感謝でしょ。今日も一日ありがとうございましたって、感謝の気持ちに変えていこうよ」って。

やっぱりそこは、多少の努力も必要ですよね。

「年齢なんか気にしませーん」って能天気に過ごすんじゃなく、感謝に変えたり、「命ある限り元気でいようね」と、自分に言い聞かせたり。

そんな心がけを持つようにしないといけませんよね。

世の中には、私よりずっと若いのに、「歳をとるのが怖い」と思っている人も、きっと大勢いますよね。そういう人は、**年齢を「火の見櫓《やぐら》」だと思ってみてください。**

歳をとるほど、櫓の高さが高くなる。グングン高みに上がって、いろいろなものがよく見えるようになる。見える景色が変わって、これまで知らなかったたくさんのことに気づくようになる。

そう思ったら、歳をとるって、じつに豊かで、楽しいことじゃないですか。

その高さから見えるものは、その時しか見られません。「あとで、もう一度見たい」と思っても、二度と見ることはできません。

だから、その時しか見られないものを、目を見開いてしっかりと見る。

そうすると、生きている意味も見えてきて、「怖い」「死にたい」なんて気分も吹っ飛んじゃうんじゃないでしょうかね。

俯瞰《ふかん》すると見えるものがあるということは、それだけ、おもしろいことにだって目がいくということです。つまり、歳をとるほどに、おもしろき人生を歩むことができ

るということです。

「非常識の窓」を開こう

世間のみなさんは、「〜であるべき」「〜すべき」という常識は、とてもよく身につけているのではないでしょうか。進んで勉強もしているかもしれません。例えば、こんな感じに。

「●●は、こうあるべきだ」
「◎◎は、こんなふうにすべきなのに」

こういう「常識の窓」を、常に開け放っています。

でも、**その常識の窓全開のせいで、人生損をしているかもしれません。**

「こうしなきゃ」「こうでなきゃ」という常識の牢獄に囚われて、日々、窮屈な思いをしたり、苦しんだりしていませんか。人の目を気にして、自分の好きなことよりも、本当はやりたくないことばかり優先してやっていませんか。

そんな人は、時には「非常識の窓」を開け放ってみたらどうでしょう。

非常識というと、「常識がないということ」だと思われるかもしれません。違います。

「当たり前」「当然」と思っていることから、少し考えを変えましょう、ということです。

常識的な枠組みの中で生活していると、どんぐりの背比べで人生終わってしまうかもしれません。まわりとそんなに違うこともないから、目立ってしまって人からどうこう言われることもありません。

でも、それで、楽しいでしょうか。もっと、自由でいたらどうでしょう。自由に、考えたことをやってみて、失敗して、成功して、笑ったり、怒ったりして過ごしてみてはどうでしょう。

まわりの「いい年寄り像」とは違うかもしれません。そんな理想像とかけ離れたって、あなたと、あなたの大切な人たちが、笑って楽しく過ごせれば、それは幸せな人生なのではないでしょうか。

非常識の窓の向こうには、誰もが使いこなせていない力が眠っています。誰も開けないからこそ、そこには宝物があるのです。

歳をとると、どうしても行動の範囲が狭まったり、思考パターンが決まってきてしまったりします。

だからこそ、意識的に生活に新しい風を送るのです。安定、安心できる生活もよいですが、**年寄りだって時にはドキドキしたりしたい**じゃないですか。

「非常識の窓」の開け方

私は、子どものころから「非常識の窓」ばかり開けてきました。まわりの人たちからはよく、「吉川は変わってる」「わけがわからん」と言われてきました。

でも、まわりと同じようにしなければいけないなんて、考えたこともありません。

なぜ、そんな「非常識」な人になっちゃったのか。

おそらく、家がすごく貧しかったこともあるでしょうね。

うちは、まだ私が幼いころに父が亡くなって、しかも子どもが13人もいて、母は女手一つで、13人もの子どもを育てていかなければいけませんでした。

母は、寝る間も惜しんで働いてくれましたけど、生活はいつも苦しくて、食べるものも満足になくて、私たちは常にお腹を空かせているような状態でした。

でも、必死に働く母に、わがままを言うわけにはいかない。

言ったところで、食べるものが出てくるわけでもない。

そこで、私が何をしたか。

街に出て、お店屋さんに行って、店の人が捨てようとしていた野菜の残りや、お客さんが食べ残したものをくれるようお願いしたんです。自分たちが食べるんじゃなく、「飼っている犬猫にあげるんです」とか方便を言って。

残り物ですから、お店の人は「持っていきな」って、タダでくれたんですけど、そこでもらったのは、食べるものだけじゃなく、**ちょっとした別の知恵**ももらいました。

八百屋さんは、野菜をシャキッとさせるために、野菜に水を吹きかけます。すると、萎《しお》れていたキャベツもほうれん草も、また元どおりみずみずしくなります。

これを見て、家に帰ってマネをして、同じように野菜の端切れを井戸水に漬けたら、なんとゴミ同然だった野菜が、見事にシャキシャキに！

それに味をしめて、捨てる野菜や残り物をまたもらいに行きました。「捨てる手間が省けて助かる」と、お店の人も喜んで分けてくれました。

おかげで家族の食費が浮いて、お腹も満たされて、みんな喜んでくれて……。

子ども心に「大丈夫、心配ない。食べていける」と思って、嬉しくなりましたね。

こんなこと、普通はしませんよね。「ウソはいけません」という常識にしばられていたら、店の人に方便言って、残り物をもらって食費を浮かせるなんて、そんな非常識なこと、考えもしないと思います。

でも、非常識の窓は、頭を使わないと開きません。だから意識して、それを開けてあげてよ。

私は、そのおかげで食いつなぐことができた、食費分を稼ぐことができた、知恵もついた、家族を喜ばせることができた。

「常識の窓」ばかり開けていたら、決して得られなかった幸せです。


常識なんかいらないと言っているわけではないんです。常識があってこそルールが成り立ち、社会が成り立っているわけですから。

でも、常識を捨て非常識を取ることが、幸せにつながることもある。

非常識になるには知恵や勇気もいるけれど、そこに思わぬ発見や喜びがあったりもする。あなたの今の生活に、ちょっとした彩《いろど》りを加えてくれるかもしれません。

だからみなさん、**思い切って非常識の窓を、パッと開け放ってみましょうよ！**

「自分勝手」でいいんです

「歳をとると、人間丸くなる」と言いますね。

意地を張らず、我《が》を通さず、若いもんの言うことに従って、大人しく穏やかでいるのが、いい年寄りのように言われますね。

でも、「いい年寄り」＝「幸せな年寄り」でしょうか。

「それは大間違い」と思っています。

自分が「こうだ」と思ったら、意地を張っていい、我を通してもいい。多少否定されたくらいで、自分の意見を曲げる必要なんかないのよ。

元気で、踏ん張って、長生きしていこうと思ったら、しっかり自分の頭で考えて、自分の考えを貫いていかなきゃいけません。

私は、成功した経営者や、凄腕《すごうで》の職業人たちにたくさん会ってきたけど、みんな揃いも揃って「自分勝手」です。人の意見なんか聞きやしません。だって、人の意見を聞いたり、いろんな人の立場を慮《おもんぱか》ったりしていたら、肝心のところで「勝てない」から。なぜなら、力が緩《ゆる》んで自分の底力が出せないじゃないですか。

人生も、これと一緒です。

人の意見なんて聞かなくていい。基本、身勝手。自分勝手バンザイ！

「そんな自分勝手を言ってたら、みんなに嫌われない？」
「わがままでガンコな年寄りだと思われて、周囲が逃げていってしまわない？」

そう思うかもしれませんが、そんなことないです。

本人が一生懸命に考えて、腹をくくって決めたことなら、それは正しいんです。

誰の目から見ても、正しい姿に映るはずなんです。

物わかりのいいおじいちゃん、おばあちゃんにならないで！

正しい姿だと受け止められれば、誰も嫌ったり、自分の元を去ったりしないものですよ。

大事なのは、熟慮の上の言動なのかどうか、ということです。単に、自分の欲に正直なだけでは困りますから。気合を込めて、「やあ、やあ！」と切り込む力が大切です。

何か言われて、「そうなのかな？」「自分が間違っているのかな？」「相手に合わせたほうがいいのかな？」なんて思ったら、あなたの持っている底力が緩んじゃいます。弱気になったらいけません。

「自分のために地球がある」くらいに思って！ まわりの環境を変える自分でなくちゃいけない。環境におびやかされるような人生はバカみたいです。

自分勝手に生きて、まわりにもそれを認めてもらえる環境となれば、そんなおもしろい毎日はないんじゃないでしょうか！

自分勝手と横着を区別する

常識に照らせば、たとえまわりに笑われて恥ずかしい気持ちになるようなことでも、**そこには宝物がある**とわかれば、楽しくて、もう止められませんよ。恥ずかしさを乗り越えれば、**心の妙薬**に変わります。

仮に、自分勝手を貫いて嫌われたとしたら、それはあなたの「正しい姿」じゃないということです。自分を信じて、自信を持って言っていることではないということです。100パーセント自信を持って「こうなんだ」「これで間違いないんだ」と言い切れるなら、みな逃げるどころか、信じて支えてくれますよ。人ってそういうもんです。

ただし、**自分勝手でいいと言っても、人を怒らせたらダメ。**相手や周囲を怒らせるのだけは、やっちゃいけません。

自分勝手をやって失敗する人は、たいてい他人を怒らせちゃっているんですよ。

他人を怒らせてしまう原因は、横着です。

よく考えもしないで、思いつきでパッと言う、パッとものを決める。

そんな横着をして他人を振り回したら、当然嫌われます。みんな逃げていきます。

自分勝手にやるなら、この横着を取り除かないとダメね。

横着をせず、きちんと考えて、きちんと物事を決めていくということは、言い換えるなら、謙虚になるということです。

「自分勝手」で生きるのも、先ほどお話しした「非常識」になるのも、横着せず、謙虚でやればこそ、うまくいくんです。

中途半端に好き放題にする「わがまま勝手」は、周囲にとっても、あなたにとっても、百害あって一理なし、ですよ。

たとえ自分が悪くなくても、頭を下げて謝る

「キレる高齢者」「暴走老人」なんていう言葉がありますね。

高齢になると、感情が抑えられなくなって、ちょっとしたことに腹を立てたり、文句を言ったり、怒鳴ったり。

中には、人目もはばからず暴言を吐いたり、暴力を振るったりする人もいるのだとか。

こういうのは、本当によくないです。

自分が怒るのもダメだし、さっき言ったように、人を怒らせるのはもっとダメ。

多少のことで腹を立てたり、人を怒らせたりするのは、本当に損ですよ。

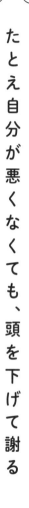

そうは言っても、世の中には怒りたくなることもたくさんあります。こっちは悪くないのに、怒る、責める、ケンカを吹っかけてくる人には、ついついカッとなる気持ちも、よくわかります。

でも、カッとなって、感情のままやり合ったらいけません。

相手に非があったって、怒らせたらいけません。

そんな時は、頭を下げて「申し訳ありません」と謝る。

申し訳ないと思っていなくても、謝ってみせるのが勝ちです。

感情に任せて言いたいことを言ったところで、結果「ああするんじゃなかった」と思ったら、こっちの負け。

逆に、**一時ガマンして、頭を下げて謝って、相手の気持ちを収めることができた**

ら、こっちの勝ち。

要するに、なぜ謝るのかといったら、こちらが気持ちで「勝つ」ためなんですよ。**歳を重ねるほど、損して得取れ。それが、いずれ「徳」になります。**

もう、この歳になると、だいたいのことは経験して、だいたいの人よりは年上で、よほどのことがない限り動じることも少ないでしょう。

だったら、怒っている相手を包み込むくらいの気持ちで、接してはどうでしょう。頭を下げてすむ話なら、下げてしまいましょうよ。そのほうが、人生楽しく過ごせませんか。

あなたが最近、人に謝ったこと、思い出してください。

歳をとると、人に謝ることが少なくなりませんか。

でも、歳をとっていることに敬意を示してくれる人たちの気持ちに、あぐらをかいていてはいけません。変なプライドは捨ててしまいましょう。

私は、数えきれないくらい謝ってきました。

時には、自分が100パーセント悪くなくても、頭を下げて謝りました。

「申し訳ありません」「お怒りはごもっともです」「本当に悪うございました」

もう、いく通りの謝りの言葉を持っているかしれませんが、これは負けを認めて謝るのではなく、むしろ自分が勝つための布石、「武器」のようなものなんです。

「おまえは反省ばかりするけど、ちっとも直らない」と、叱られることもあります。

でも、「勝つ」ために、謝りました。相手が怒らなくなるまで謝るの。

謝りすぎて、わけがわからなくなるほど謝ったほうがいい。それくらい真剣に謝りたおすということです。

とは言え、私も若く血気盛んな時分は、なかなか謝れませんでした。感情を抑えるどころか、理不尽さに憤《いきどお》って、とんでもない暴挙に出たこともあります。

今からもう半世紀以上前、まだかけ出しの経営者だったころ、詐欺まがいのトラブルに巻き込まれ、裁判沙汰になったことがあります。ある会社の企《たくら》みにしてやられ、裁判所の命令によって多額のお金を払わなければならなくなったのです。

私は納得がいかず、名古屋じゅうの弁護士に相談をしましたが、どの弁護士も取り合ってくれません。万策尽きた私は、どうにも腹の虫が収まらず、あろうことか裁判を担当した判事の自宅に押し掛けました。

どうあがいても覆《くつがえ》ることのない案件だったため、判事さんはなかなか会ってくれませんでしたが、こちらの一念が通じたか、ある日しぶしぶながら私を自宅に招き入れ、一本の麻の紐を指し示して、こう諭《さと》しました。

「いいか、この線は善悪を分ける線だ。**君は善か悪か、どっちかに立ちたがる。だが、それでは小さく終わる。**経営者という者は、常にこの線の上に立ち、右左どちらにも傾かず、善悪をバランスよく持たなければいけない」

その言葉を聞いて、私は我に返りました。

そもそも、こういうトラブルを引き寄せた自分に、落ち度がなかったとは言えない。その中には、自分の勉強不足、力不足がありました。

事業を営む以上、どちらか片方だけが悪いで済まされる物事はない。覚悟を持ってかからなければならない。

もう何キロも痩せ細るような、まさに命を削るような痛恨の出来事でしたが、私はこの一件を通して、自分の甘さを思い知りました。

まさに、**一時の感情に振り回される愚かさを、身をもって経験したのです。**

負けられない時には、戦うことも選択する

こうした経験を経て、私は安易に怒らなくなりました。

感情的になるのは損だとわかり、ちょっとしたことにいちいち腹を立てず、必要とあらば頭を下げるのも平気になっていきました。


ただし、いつもいつも頭を下げるわけじゃありません。

こちらに正当な理由があり、対等に渡り合える相手であれば、堂々とやり合います。

相手の100倍もの、山ほどの正義感が自分にあると確信したら、私は1000万円の損失が出たとしても戦います。

そして絶対に勝って、ギャフンと言わせてやるのです。

もちろん、まずは平身低頭謝りますよ。

でも、怒る時は怒る、やる時は徹底的にやる。だってそのために、我が人生の正義を通すために、一生懸命お金を稼いできたんですから。

私の場合はお金でしたが、誰しも自分に強みがあれば、謝れます。小さなことにいちいち腹を立てたりしなくなるものです。

ちょっとズル賢いようですが、**自分の中に「価値の秤《はかり》」を持ちましょう。**

カチンときた時、自分の何か大事なものをすり減らしてでも、「負けられない」と感じた時は、それは戦う時です。

そうでもないならば、謝っておくに越したことはないのです。

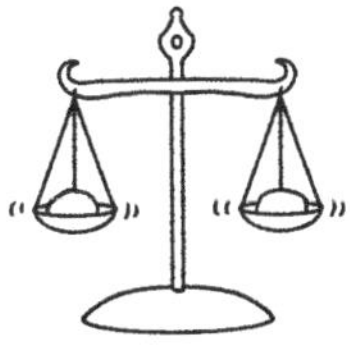

キレたり暴れたり、人に頭を下げられない人というのは、強くないんです、弱っているんです、人生負けているってことです。

人生に負けるなんて、こんな悔しいことないじゃないですか。

だから、強くなりましょうよ。**ニコッと笑って「悪うございました」って謝れる力を、自分を強くしてくれる何かを、一緒に鍛えていきましょうよ。**

「欲」を持とう、力をつけよう
「欲こそ力」

あなたは、「自分へのパワーの授け方」を知っていますか。

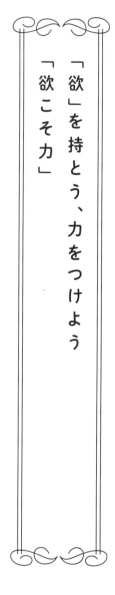

自分のパワーが落ちている時に、自分を励ませられる方法はどんなことがありますか。

自分が「弱っている」「力が衰えたな」と感じた時は、テレビでも読書でも運動でも、なんでもいいから、ともかく「元気になれる」何かをしてみることです。

歳をとっているからといって、今からでは遅い、なんてことはありません。70歳、80歳、いいじゃないですか！　**今から、「これぞ我が力！」というものを、なんとしてでも見つけましょう。**

定年退職してから、生きがいとなる趣味を見つける人もいます。

毎日バッティングセンターに通ってホームランを打ちまくる人もいれば、お料理教室を開いて、毎日おいしいものに囲まれて生活する人もいます。

こういう人は、まわりからスーパーおじいちゃん、スーパーおばあちゃんと言われる人たちでしょうが、誰だって、スーパーおじいちゃん、おばあちゃんになれる可能性はあります。

見つけてください、探してください。今から打ち込めるものを！

例えば、何か学ぶことが好きなら、勉強を頑張ってもいいし、習い事をしてみるのもいい。ものを考える知力をつけるのは、とてもいいことだと思います。

ただし、知識を脳みそに詰め込むだけじゃダメ。知識を入れただけじゃ、賢くはならない、自分の力にはならない。

教え込まれただけの知識は、忘れてしまうのも早いから、勉強をするならそれを一生懸命「自分のものにしていく」という気構えで学ばないといけません。

そういう**力を身につけるには、やっぱり「欲」が必要**です。

欲があなたを動かす原動力になる

欲というと、あまりいいイメージを持たない人もいるかもしれませんが、欲ほど自分に力をくれるものはありません。

よく「〇〇という夢がある」「希望がある」「望みがある」なんて言い方をしますけど、そんなオブラートに包んで言うより、ひと言「私は欲がある」とストレートに言い切ったほうがいい。

「良くする」とか、「よくやった」とか言うから、「よく」って、語感もなんとなくいいじゃないですか。

欲は夢でもある、希望でもある、望みでもある。バラバラにせずに、ひと塊《かたまり》に

しなさいよ。グッと握り寄せるんです。欲は人を動かす。
「80歳の私の欲」「90歳の私の欲」、そういうものを考えて、例えば紙に書いて壁に貼っておく、手帳に書き込む、まわりに宣言する。

欲を持って、「こうしたい」という自分の欲に従って行動すれば、「生きがい」が生まれてきます。

欲をキッパリさせるということは、自分の脳みそに向かって「こうなりたい！」と明確に指令を出す、ということでもあるから。

難しいことは言っていません。**胸に手を当てて、あなたの気持ちが向くことはなんなのか、ちょっと考えてみてくださいな。**そして、まずは一つ、思いついたことをやってみてください。

自分を強くするには、占いもおすすめします。

テレビや雑誌の、今日の運勢を見て、「こうすると縁起がいい」「いいことがある」ということを、かたっぱしから実際にやってみるんです。


例えば、「黄色がラッキーカラー」だというなら、黄色い服を着てみたり、黄色い花を買ってみたり。「2と5と8が強い数字だ」というなら、お財布に一万円札を2枚と千円札を5枚、一円玉を8枚入れておくとか。

バカバカしいと思うかもしれないけれど、そういうことって、案外自分に力をつけてくれるんじゃないかしら。


ちなみに、**占いにはよくないことも書かれているけれど、そこは無視！**

悪いことは見なかったこと、聞かなかったことにして、いいところだけを引っ張ってくる。「いいことだけ占い」です。それを、自分に力をつけるために使ったらいいんですよ。

「脳みそちゃん」と仲良くする

脳みそに向かって「こうなりたい」と指令を出すって言いましたけど、これ、心の中でただなんとなく「こうなったらいいな」と思うのとは、ちょっと違います。

詳しくお伝えしますね。

「心身の司令塔としての脳みそ」に向かって、「こうなりたいんだ！」と確実に伝える。しっかりと伝わるように、心を込めて言って聞かせる。

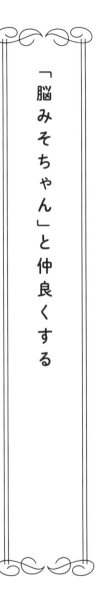

すると不思議なことに、「無理かな」「ダメかな」と思ったことでも、いい方向に流れていくものなんですよ。

なんだかウソくさい、そんなうまくいくはずない、そう思った人いませんか。

でも、考えてみてください。

みなさんあまり意識しないと思いますが、脳みそって、私たちの指令に本当に忠実です。思っているとおりに、体に命令を出して動かしてくれます。

例えば、○○に行こうとしていたのに、正反対の△△に向かって歩いてしまったっていう、そんなことありませんよね。

トイレに行きたいと思っていたのに、足が勝手にトイレじゃない場所に行ってしまって、漏らしちゃったなんてこと、ありませんよね。「トイレに行きたい」と思って足を動かせば、ちゃんと、足は言うことを聞いてトイレに向かってくれるはずです。

「そんなの当たり前でしょ」って言われそうだけど、当たり前じゃない。

全部脳みそが、真面目に言うことを聞いてやってくれるからできること。

だから、行きたいところに行けるのも、オシッコを漏らさずに済むのも、

「脳みそちゃんが、真面目に言うことを聞いてくれているおかげなんだ」と思って、脳みそちゃんと仲良くしてほしいんです。

そんなふうに、脳みそちゃんと仲良く暮らしていると、脳みそちゃんが、心身を、命そのものを、最高位に持っていってくれます。

これまで眠っていた自分の力を、グンと引き出してくれます。

脳みそちゃんは何も言いませんけど、仲良くすればするほど従順になって、私たちを最高の自分にしてくれるんですよね。

だから、もっと脳みそちゃんと会話しましょう。

あなたが、「うまくいかないな」と感じたり、何かに悩んだりする時は、脳みそちゃんとの連携がうまくいっていないのかもしれません。

困った時、苦しい時、どこか痛い時。

自分を責めたり、嘆いたり、慌てふためいたりする前に、まずはじっくり、脳みそちゃんとお話ししましょう。

脳みそちゃんは、縦横無尽に動いてくれる「万能選手」。

落ち着いて向き合って会話すれば、きっとみなさんに必要なものを連れてきてくれると思います。

女として美人であること

人間、どうしても、自分と人とを比較してしまうものです。

自分よりリッチな人、優雅な暮らしをしている人を見ると、「うらやましい」「それに引きかえ自分は……」なんて、自分の置かれている環境を残念に思うかもしれません。

隣の芝を見ると、「あー、若々しい草がいっぱい生えているなあ」とか、「広くて立派だなあ」とか感じてしまう。

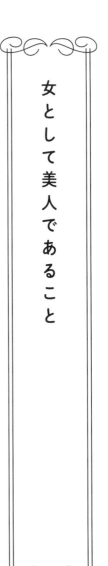

自分にないものを持っている人を、ついうらやんでしまう。歳をとって、できることが限られてくればなおのこと、敏感になることもあると思います。

私も、他人を見て「いいなあ」って思うことがありますよ。子や孫と楽しそうに仲良く過ごしている人を見ると、「なんで自分はそうなれなかったかな」って、うらやましくなっちゃうもの。

でも、そういう気持ちを引きずったらダメ。

人と比べて自分を貶《おとし》めてたら、そういう顔になっちゃう。

卑屈な気持ちが顔や態度に表れて、貧相な年寄りになっちゃう。

よそ様を気にするんじゃなく、自分の内面を整えて、内側から輝くことで、人

として「美人」になる。

誰かと比べてしまいそうな時、私はいつも自分にそう言い聞かせるようにしています。

こういうことを教えてくれたのは、母です。

みっちゃんちの鯛の話

私がまだ10歳くらいだった時、同級生のお金持ちのみっちゃんの家に遊びに行き、御頭《おかしら》付きの鯛《たい》をいただいたことがありました。

お皿の上に乗った鯛は、ドーンと大きくて真っ赤《まっか》っ赤《か》。色鮮やかな赤い魚に心を奪われた私は、家に帰るなり、母に「一度でいいから、あの真っ赤なお魚をうちでも食べさせてー」とおねだりしました。

すると母は、「わかった、明日の晩食べさせてあげる」とキッパリ。私は翌日の晩ご飯を心待ちにしていましたが、食卓に出てきたのは赤い魚ではなく、青光りするイワシでした。

「どうして青いの？　赤いお魚がよかったのに」とガッカリする私に、母は「青でも赤でも、どっちでもいい」と言いながら、こんなことを言って聞かせました。

「このイワシは、腹のところが銀ピカやろ？　背の青いところもツヤツヤして、皮が破れたり崩れたりしてないやろ？　こういう魚が美しい魚や。綺麗っていうのは、こういうことや。これができなんだら、美人とは言えん。美人で賢くなりたいんなら、これができるようにならんと」

たしかに、鍋の中には、見事にお腹は銀光り、背中は青光りしたイワシが並んでいました。

後日、またみっちゃんのおうちに遊びに行くと、今度はイワシが出されました。そのイワシは、お腹の皮が破れてネズミ色。銀ピカでもなければ、背中の青光りもありませんでした。

そのことを母に伝えると、母はニッコリ笑って言いました。

「うちのイワシのほうが美人だったか。そんならきっと、お前のほうが美人になる。いずれお前のほうが上になる。覚えとき」

鯛かイワシかは些細なこと。大事なのはそれをどう美しく仕上げるか。

母は、「みっちゃんちの鯛」を通して、人として女として美しくあることのなんたるかを教えてくれたんですね。

こういう時、普通の親なら「鯛も食べさせてやれない」って、後ろ向きになりそうなもんですよね。

でも、我が母は常に前向きな言葉で、私に知恵と自信をつけさせてくれた。

そんな母には、いまだに感謝しかありません。

人と自分を比べて、卑屈になりそうなことがあったら、「みっちゃんちの鯛」の話を思い出してみてください。

100年生きるために欠かせない「二つのこと」

人間、いつまでも若々しく、ポジティブでいたいものですけど、歳をとってくると、あれこれ不安が出てくるのも、よくわかります。

私も、普段は「90歳は人生の折り返し」「人生これからだ！」と豪語してますけど、本音を言えば、こんなふうに考えることもあります。
「私、大丈夫かな。このままでいいのかな？」って。

でも、心配しなくてもいい。
一生懸命努力さえしていれば、人生どうにかなるもんです。

これは、私が88年生きてきて、実感していることの一つです。

でも、何もしないでいたら、どうにもなりません。

幸せというものは、待っていればいいというものではありません。

幸せを手にするには、それなりの準備も必要です。

準備をすれば、いくつになっても成長できるし、自分の心が望むものを手に入れることもできるはずです。

そのためには、勉強して知恵をつけて、年齢に関係なく成長していかないといけません。

だからまずは、考えてみましょう。

自分に安心感を与えてくれるものは何か。

常識やら立場やらを取っ払って、もっとも必要なものはなんなのか。


寝る場所、身に着けるモノ、人間関係……。

答えは、人によってさまざまでしょうけど、**結局は「お金」**、これは本当に大事。

人生きれい事だけでは生きていけません。


そのためには、なんと言っても働くことです。

年金をあてにするのもいいけれど、それはそれとして、働けるうちは働いて、幾ばくかでもお金を貯める。これが一番の基本です。


人生が100年あるとしたら、今70代ならあと30年、60代なら40年もある。

そんなにあるなら、なんだってやれる。いくらだって貯められる。

若いころに比べたら、そりゃ稼ぎは減るでしょうけど、いっぺん身を下げてでも働くということを、ぜひ考えていただきたいです。

「これまで働いてきて、もう隠居生活したい」なんて人もいるかもしれません。

でも、楽しい隠居生活を送るには、最低限のお金が要ります。ちょっとでも稼いで、ちょっとだけ贅沢な旅行をしたり、美味しいものを一回余分に食べたり、そういうことをさせてくれるのがお金です。

おもしろき人生にするために、健康であれ

働くことは大変なことです。体も疲れるでしょう。

でも、大変だからこそ、そこから得たお金を使う時には、思い切り楽しいこと、おもしろいと思うことができるとも思いませんか。

だから、私は、体が動くかぎりは、お金のために働くことを推奨します。

理由があって働きに出られないというなら、子育てや家事の手伝いをするのでもいいです。

それだって立派な労働で、お金につながっていくものなんですから。

「働く」という漢字を見てみてください。

「人間の、重い、力」。働く力は、人に与えられた重たい、尊い力。

それを放り出すなんて、こんなもったいないこと、ないですよ。

もちろん、健康を損《そこ》ねている人が無理して働くのはいけません。

そう考えたら、**お金と同じくらい、元気でいることが大切。**

元気でなかったら、お金がいくらあっても安心ではいられない。何よりも、毎日が楽しく過ごせませんよね。

したいことがあっても、「体が痛い、思うように動かない」。そんなことがあったら、やっぱり不安になって「歳だから、家にいて大人しくしていよう」なんて思ってしまうかもしれません。

でも、それで**命の炎を、ただちょろちょろ燃やしていくだけの生活を、あなたは望みますか。**「そんなの、ぜんぜん楽しくない、おもしろくない！」って、私は思います。

だから、100年、120年と生きるために、シンプルに、「お金」と「元気」と、この二つに絞って考えてほしいです。

私の考え方や求め方は、普通のところにはないこともわかっています。けれど、ちょっとだけ、私寄りの考え方、求め方をしてみてください。
それだけで、楽しい人生を送ることは可能です。

第2章

80歳からのお金は、脳トレにしてしまおう

ずっと働くことのすすめ

あなたは、今、働いていらっしゃいますか。

なになに、80歳でも関係ありません。私は、社会に生涯関わって生きることをおすすめします。

70歳なら、当然、働いたほうがいいです。

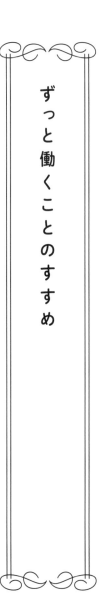

データによると、高齢者（65歳以上）の就業率は25・2％（２０２２年）となり、19年連続で上昇し続けているとか（２０２０年における75歳以上の就業者数は２００万人強、80歳以上が80万人弱だったそうです）。

こう聞くと、ものすごくたくさんの人が働いているようですが、実際は４人に１人しか働いていないということですよね。

それなのに、なぜ、私は働くことをすすめるのか。

答えは、**時代の変化をイメージしたら、「80歳はもう働けない」という固定概念を外したほうがいい**からです。

今、この瞬間を見ていると、「80歳にもなって働くなんて無理」と思ってしまいます。体も心も、年々弱っていくのを実感しますから。

でも、時代は急速に変わっています。ちょっと前までは、60歳で定年を迎え、退職金と年金で悠々自適な生活……なんてこともあったかもしれません。ですけど、今は、60歳を超えても働く意思がある人は増えています。定年を迎えても働き続けてほしいと願っている会社も増えています。

高齢者は急速に増えています。同時に、医療技術も進んで、ますます健康的な生活が送れるようになってきています。

そんな時代になってきているからこそ、今、考え方を変えて、あなたが4人のうちの1人になれれば、勝ち組になれると思いませんか。

何歳になっても、自分の力でお金を稼ぎ続けましょう。お金は生きる源だから。お金をいただくために、知恵や労働力を提供する。それで、誰かから感謝されたり、また頑張ろうって思ったりする。

そうやって、毎日を生きれば、老いる暇なんてないわよ。

老後を十分に遊んで暮らせるほどのお金を蓄えている人は、ごく一部かもしれません。必要に駆られて働くこともあろうかと思います。

ただ、同じ働くなら、前向きな気持ちで汗水をたらしてほしいのです。

働くことで、付いてくるオマケがある

「この歳になると、働き口がない」とか、「そもそもこんな歳でもう働きたくない」とか、そうおっしゃる人もいますね。

そういう人に、私は言いたい。

「歳だからって、あきらめなさんな、自分を甘やかしなさんな！」と。

元気なうちは、何をしたって働けます。

働けるところがないなんて、そんなはずない。

選り好みしないで、やれることをやってみましょうよ。

歳をとって働くことは、大変です。わかります。

でも、**それ以上に、「生きがい」を見つけるって、けっこう大変なことなんです。**

しかし、働くことで、誰かに必要とされていることを感じられる。これは、生きる力になります。

歳をとって、「これから何を生きがいに生きていこうか？」なんて考えなくていいんです。働きましょうよ。

働くことのメリットは、ほかにもあります。

「歳をとると、普段、なかなか家族以外と話をする機会がない」なんて悩みを聞くことがあります。でも、働きに出れば、いろんな世代の人と触れ合う機会が自然と発生します。

これって、とっても脳みそちゃんにいいことなんですよ。

生きがいが得られる。お金ももらえる。しかも、脳も活性化する！ いいことづくめじゃないでしょうか。

稼ぎたかったら、見栄は禁物

ずっと働くことをすすめましたが、若者と同じような職はないかもしれません。でも、歳をとったからこそ、できること、あると思いますよ。

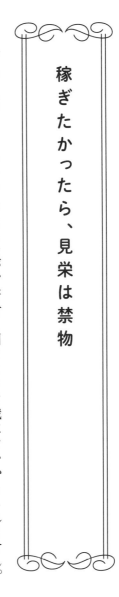

今から新しいスキルを身につけたり、何かの技術を向上させることは難しいかもしれません。

けれど、**語彙《ごい》力はある調査によると67歳がピーク**のようです。私たちシニア世代は、若者よりも、たくさん見聞きしてきたものを蓄えています。これを、何かに活かせるはずです。

それに、超高齢社会となっている今、お店にくるお客さんも、どんどん高齢化しているはず。だったら、お客さんの気持ちがわかる店員さんは、重宝されることだってあるかもしれない。

こんな話を聞きました。

熊本県には、なんと**90歳でマクドナルドで清掃クルーを務める方**がいらっしゃいます。朝7時半～10時半勤務で週5日働いているそうです。

「きんは100歳、ぎんも100歳」というCMのフレーズで脚光を浴びた、「きんさんぎんさん」こと、成田きんさん、蟹江ぎんさんを覚えている人もいると思います。

彼女たちは人気者になり、CDデビューしたり、紅白歌合戦にゲスト出演したりしました。

100歳すぎて、誰もが彼女たちのようになれるわけではありませんが、元気でいて働く意思があれば、そんな可能性だってあるのです。

定年が延びたりしても、シニアを雇用してくれるところは一部かもしれません。でも、どこかしら、働き口を見つけることはできるはずです。

本当にどこも働かせてくれないなら、私なら、よそのお宅を一軒一軒回ります。「ごめんください。何か私でお役に立てることはありませんか?」「お手伝いできることはないですか?」ってお聞きして、「もしもあるなら、ご連絡ください」と言って、連絡先を書いて置いてきます。

「そんなことできない」と言う人、何をためらうことがあるの。明日、お腹を空かせて困らないように、やれることはやるだけよ。

お金を稼ぎたかったら、恥ずかしいとか、かっこ悪いとか、見栄を張るのは禁物です。

求めなければ、与えられない

考えてみたら私、経営者としてずっと、そういうことをやってきました。

そりゃ、百円を稼ぐのと百億円を稼ぐのとでは、百億のほうが額が大きくてかっこよく見えるかもしれませんけど、本質は同じなんです。

百円だろうと百億円だろうと、身を捨ててこそ浮かぶ瀬もあれ！

身を投げ出す気持ちでやれば、何かしら道は開けるものですよ。

自分の内側にみみっちく閉じこもってないで、自信を持って「やったるぞー」って、どんどん表に出ていこうじゃないですか。

そうやって、自分からどんどん動いてみると、お宝が手に入ることもあります。

例えば、亡くなった私の母は70代の時、何かして働きたいと、近所のお屋敷に頼み込んで、無償でお庭の草むしりをさせてもらったことがありました。

母は土いじりができて楽しいと、喜んでやらせてもらっていたんですが、そのうちに「いつも助かります」と、お屋敷に招き入れていただくようになり、お茶やお菓子をいただき、親しくお話をするようになりました。

その縁で、そのおうちの方がもうすぐ引っ越しをするため、そこの土地が空くということがわかりました。

私はその頃、事業のために必要な広い土地を探していたのですが、母のおかげで、その情報をいち早く手に入れることができました。結果、あちこち回って探す手間が省けただけでなく、スムーズに購入することもできたのです。

これは言い換えれば、**母が自分の足で稼いだ**ってことよね。

このように、動いたら動いただけ、考えたら考えただけ、情報もいい話も転がり込んでくるものです。

だから、お金を得るために、動く、歩く、考える。

職を探すのも、事業を始めるのも、何もないところからどうやって生きていこうか、どうやって食べていこうかと、求めることから始まると思うの。

「歩きなさい、さらば与えられん」

「雇ってくれるところがない」なんて嘆いていても何も解決しません。だったら、少しでも歩いて行動しましょう。飯の種を探しに行きましょう。
無理せずに、自分のペースで、ゆっくりやればいいんですから。

節約だって立派な「金儲け」

お金を稼ぐというと、みなさん、働いて「収入を得ること」を考えますね。
でも、稼ぐということは、「入ってくるお金」の話だけじゃありません。
「出ていくものを少なくする＝節約」も、れっきとしたお金儲けです。

先日、仏間に飾る提灯を買いに行った時のことです。
伝統工芸として名高い岐阜提灯で、値段は一個八万円、二つ揃えると十六万円。

「結構いいお値段だな」なんて思いながら、ふと店の奥を見ると、色合いの異なる提灯がいくつか置いてあります。

値段を尋ねると、バラで売れた残りのため、一個三万五千円。

考えた末、私は三万五千円の提灯を二つ買い求めることにしました。

色違いで不格好かもしれませんけど、提灯そのものの品質が劣るわけじゃなし、色を揃えないと仏様に対して失礼にあたるというわけじゃなし。

だとしたら、「色を揃えて十六万円」より、「色違いで七万円」のほうが、出費を九万も抑えられてはるかにお得。そう考えたの。

このように、ちょっと考えることで節約できるものは節約することも、お金を増やす方法の一つです。

節約というと、生活を切り詰めたり、ほしいものを我慢したりということをイメージしがちですけど、それは私に言わせると、心を貧しくする単なる我慢。**頭を使って、出ていくはずのお金を出ていかせずに済ませるのが、本当の節約であり、金儲け上手**というものです。

こういうことは、特別なことじゃなく、日常生活の中でもよくありますよね。例えば、ある知人がこんな話をしていました。

出かけた先で、喉が乾いてしまった。その日に限って、水筒を忘れて出かけてしまった。自動販売機で飲み物を買おうと値段を見たら、百四十円。ちょっと喉を潤すのにこの値段は高いと思い、買わずに我慢して帰宅したのだそうです。

そのことを家族に話すと、「そのくらいの値段なら、買ったらいいじゃない」「喉が乾いていたなら、買って飲めばよかったのに」と言われてしまったそうですが、この知人の考え方は間違っていないと思います。

具合が悪くなるほど我慢してはいけないけれど、そうでもないなら、**百円でも余計な散財はしたくないというのは、お金儲けとしては正しい発想。**

こういうことの積み重ねが、大きな財につながっていくんですよ。

お金を得たければ、日々ケチであれ

私の知る限り、お金持ちほどケチだったりします。だって、稼ぐことがどれほど大変か、わかっているから。

「たった百円」と思うか、「されど、百円」と思うかで、お金に好かれる人になれるかどうかが決まってきます。

もちろん、お金をどのように使うのかは、人それぞれです。

「飲み物くらい、ケチケチしなくたっていい」「百円くらい無駄遣いに入らない」

そういうお考えもあるでしょうが、それは穴のあいたバケツに水を貯めているようなもの。

放っておいたら、穴からどんどん水が漏れ出てしまい、気づいたら一滴の水も残っていない！　そんな困ったことにもなりかねないんじゃないかしら。

私はこういうことを、寝ても覚めても考えてます。

はたから見れば、何億と稼いで、バケツに水がいっぱい入っているように見えるかもしれないけれど……出ていくものを考えたら、純利益はバケツをパッパと振って、底に残った一滴、二滴に過ぎません。

その一滴二滴を守るために、工夫して、節約して、赤字を出さないようにする。

「一旦赤字になったものを取り戻すのは並大抵ではない」と自分に言い聞かせて、一円でも黒字になるよう、日々努めていく。

経営者だろうとそうでなかろうと、お金に対しては、常にこのような向き合い方をするようにしたいものですよね。

でも、**これを実践するには、小さな成功体験が大事**だと思います。

「これを、どうにかして、安く済ませられないか?」と考えて、「うまくいった！」となれば、だんだん楽しくなってくるはずです。そして、いくつか成功体験をすれば、**あなたの脳みそちゃんは、節約脳になっていきます**。こうなったら、しめたものです。

小金が貯まれば、もっと増やしたくなる。貯めたお金で、ちょっと贅沢なランチを楽しんだり、行きたかった場所に旅行したりすれば、自然と人生に彩りが出てくるものです。

10年分の下着を一度に買う

「無駄遣い」に気をつけたいのは、モノだけでなく、「時間」に関しても同じです。
よく「時は金なり」って言いますでしょ。
だから、**時間を節約することも、大事な「お金儲け」**だと思ってほしいです。

例えば、私は普段よく使っているものや、愛用しているものを買う際は、一度にまとめて買うようにしています。

先日も、百貨店でシャツを買いましたが、店員さんにお願いして、店中にある同じものを集めてもらって、全部買って帰りました。

色も形も気に入って、自分にとって必要なもので、着古したらまた買い求めに来るだろうと思ったら、その時いっぺんに、あるだけまとめて買ったほうが、時間の節約になる。そう考えたからです。

まとめ買いは、その時は時間がかかることもあります。

実際、百貨店で買い物をした日も、シャツを探し回ったり、店員さんに頼んでかき集めてもらったりしたため、結構時間を費やしました。

でも、また店に足を運ぶのと比べたら、一日で済ませられるわけですから、ずっと時間を節約することになるじゃないですか。

それに、必要なものが準備万端揃っていて、すぐに取り替えられる状態にしておけば、「そろそろなくなりそうだから、買いに行かなきゃ」なんて余計な気を取られずに済む。時間を、じっくりと有意義に使うことにもつながりますよね。

でも、ここで**大事なことは、頭を使って、「どうやったら、自分の時間を節約できるだろう?」と考えること**です。脳トレですね。

人間、長生きすると、気づかずに「クセになっていること」「当たり前になっていること」をたくさん持っています。習慣になっている、当たり前にできていることというのは、脳みそちゃんを働かせなくてもできてしまうので、これは、シニア世代にはよくない。

「シャツがなくなったから、またいつものやつを、いつもの店に買いに行かなくちゃ」と、反射的に動いているかもしれません。

でも、一歩立ち止まって考えてみてください。

もっと、効率的に、うまく買い物ができないかなって。ここで、ものすごーく、頭を使うことに気づくと思いますよ。

自分の人生を計算して生きる

「洋服のまとめ買いはちょっと……」

という人は、**下着のまとめ買いをしてみたらいかがでしょう。**

下着は、たいてい同じものをくり返し使うでしょうから、まとめ買いにもそれほど抵抗はないんじゃないかしら。

私なんて、一度に10年分の下着を買ったこともあります。しめて十六万円。

「え！　下着だけで十六万⁉」

って驚かれるかもしれませんけど、10年分買えばそのくらいの金額になります。

というか、計算してみると、まとめ買いはむしろ「儲け」になるのよ。

例えば、時給千円で七時間働いたら、一日の収入は七千円。

下着を買うために一日を使ったとして、一年に二度下着を買い換えるとして、七千×二日分＝一万四千円。10年間で計算したら、十四万円。

ざっくりした計算ですけど、言い換えたら、10年分まとめ買いすれば十四万円のお金儲けができるってことじゃないですか。

一日の稼ぎがもっと多い人だったら、さらに大きな額になります。

時給が半分の五百円だったとしても、七万円儲けられることになります。

たかが下着を買いに行くだけの話ですけど、こうやって計算してみると、時間の節約が儲けにもなるってことがわかりますよね。

人生、何事においても、こんなふうに計算してみることが大事です。

自分に与えられた時間から、人生を計算してほしいです。
若いころは山とあるように感じられた時間も、歳をとっていくと限られてきます。

「仕事もしてないし、時間なんて山ほどあって、暇でしょうがない」
なんて言う人もいるかもしれません。

ちょっと待って、よく考えて！　私たちシニアにとっての時間は、限られた、貴重な時間です。その意味では、若い人たちよりよほど、1分、1秒に対する価値は高いんじゃないかなと思うのです。貴重ですよ、時間！

歳をとればとるほど、一瞬一瞬の価値が増していくってことよ。

一日一日を漫然と費やさず、「時は金なり」の心構えで過ごしたいものです。

贅沢はしない、だけどゴージャスに生きる

お金で得する道は、ほかにもあります。

例えば、料理を美味しく作ること。

これも一つのお金儲けです。くり返し言いますけれども、儲けといっても、札束を増やすことだけではないんです。この考え方を身につければ、ありとあらゆる方法で、お金儲けができるようになります。

安い食材で上手に調理して、高級店並みの料理を作れたら、それは「儲けた」ということです。かけたお金以上に、得をしたってことです。

逆に、高い食材を使って料理しても、大《たい》して美味しくもなかったとしたら、儲けるどころか損をしたということになります。

だから、料理の腕を上げることも、立派なお金儲け。

頭を使って、美味しくなるよう工夫することが、儲けにつながっていくわけですね。

ここでもまた、頭を使うことができますね。

「もう、頭なんて働かないんだから……無理」

みたいに思っている人、いませんか。

だめよ、だめ！　そんな難しく感じる必要はありません。

ちょっとしたゲームだと思って、取り組んでみてください。

「今日は割引セールで、二百円安くおかずが買えた！　儲け、儲け！」
「夕食の親子丼、美味しくできた！　あの定食屋だったら八百円くらいするかな。儲け、儲け！」

そんな感じでいいのです。

家計のことを考えて、少しでも安い食材を買うのも、もちろん大事です。
でも、作った料理が貧弱だったら、節約はできても儲けたとまでは言えません。安いもので、貧弱な料理を作るなんて、普通だからです。誰でもできるからです。
みながやっていないことに、ぜひチャレンジしてください。

料理で儲けを目指すのであれば、**「贅沢はしない、でもゴージャスにしたい」**という気持ちで、少しでも美味しくなるよう、工夫を重ねることが大切ね。

こういうことって、外食でも言えます。

たまに飲食店で、あまり美味しくない料理に出会ってしまうことがありますけど、そういう時は本当に悔しい気分になります。

それなりにいい食材を使っているだろうに、なんでこんなもったいないことをするんだろうと思います。

あなたもそんな経験、ありませんか。

求めてもいないものに、しぶしぶお金を払うほどつらいことはありません。

「あんた、社長なのにケチなこと言うな！」って言われそうですけど、**お金のありがたみが身に染みているだけに、ランチ一つにも儲けを求めたくなっちゃうのね。**

ちなみに、「贅沢はしないけど、ゴージャスにしたい」というのは、料理だけでなく、身に着けるものもそうです。

洋服や装飾品などをどう身に着けるかも、儲けにつながります。

例えば、そんなに高いものを着ていないのに着こなしが上手で、高級品を身に着けているように見える人は、儲け上手な人。**千円のものを着て一万円に見えたら、九千円も得をしたということになるでしょ。**

逆に、ブランド物の高い服を着ているのに、魅力的に着こなすことができない人は、儲け下手。かけたお金に対して、損をしてしまっているということです。

高いお金をかけても、安っぽくしか見えない着方をしてしまうということは、お金を捨てているのと同じこと。

もったいないことをしているなあと、つくづく残念な気持ちになります。

着るもの、被《かぶ》るものは好き好きですから、何を身に着けようと、もちろん自由です。
でも、**身に着けるものは人様の目に触れて、見た目から自ずと自分の価値を上下させることにもつながる**んですから、気をつけるに越したことはありません。

自分自身の価値を高めていくと、自分に自信がつきます。
自信がつけば、心が華やいで、見た目も心も豊かになっていきます。
これって、何よりの儲けと言えるんじゃないかしら。

「三割貯金」のすすめ

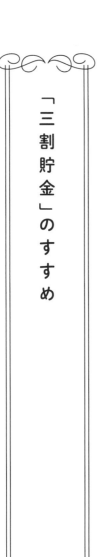

今、投資などでお金を増やすことが話題ですね。でも、失敗したらこわい。確実にお金を増やしたいと思ったら、手堅くやるに限ります。

私がおすすめしたいのは、「三割貯金」。食事や買い物をする時、かかるお金から三割引いて、その三割を貯金していくんです。

例えば、千円の食事を（三割掛けの）七百円にすると、三百円貯まります。これを10日間続けたら三千円、一ケ月だと約一万円貯金できたことになります。一万円が確実に懐に入るって、とっても嬉しいじゃないですか。

若かったら「七百円じゃ足りない、千円分ガッツリ食べたい」と思うでしょうけど、歳をとってくるとそうでもなくなります。**三百円分の食事を減らしたからって、死にゃあしません。**

だとしたら、その分を貯金に回すのが賢いと思いませんか。

もちろん、無理のない範囲でいいんです。

三割がつらいなと思ったら二割にしたって構わないし、毎月でなく二ケ月ごとに貯金していくのでもいいと思います。

それでもつらいという人に、もっと手軽にできる方法を、いくつか紹介します。

●割引きの食材を買ってみましょう／スーパーで、夕方になるとタイムセールをやっていたりしますよね。

●値段が安いお店に行きましょう／何店舗か、スーパーを回ることができれば、散歩がてら、安い商品を買い集めてもよいと思います。

●表示にごまかされるな！／例えば、トイレットペーパーを買う時、どこを見て購入していますか。単純に、値段だけ見て安いものを買ってないですか。安く売り出されている商品は、よくよく見てみると、ロールの長さがほかより少なかったりします。パッと見た目の情報で判断しない！　ちゃんと頭を使ってお買い物しましょう。

いくつか紹介しましたが、何事も無理はいけません。健康に不安があれば、無理に歩き回る必要はないですし、無理にお金を切り詰めると、心が疲れちゃいます。

そこは、あなたなりのペースで、貯めていったらいい。

世間一般や他人のやり方に合わせるんじゃなく、自分の健康と生活設計を考えて、収支を整えるということですね。

振り返りながら生きて、他人と一歩差をつける

自分の健康、生活設計を考えて収支を整えるには、生活設計出納帳をつけてみましょう。

ちなみに、**生活設計出納帳は、お金だけでなく、「心の出納帳」や「労力の出納帳」も作ってみるといいですよ。**

今月、自分の心はどんな出費をして、どんな収入を得たか。

労力では、どんな収支だったか。

こういうことを振り返ると、「ああ、これは無駄だったな」「今月はこんなにたくさん得をしてたんだな」って、精神面でも気づけて、楽しくなってくると思うの。

書き出してみると、思わぬ拾いものがあるかもしれません。何もしなければ、そのまま、なんの気づきもなしに時間はすぎていくばかりです。

私もずっと、この出納帳をつけてきました。

会社を大きくできたのも、こういうことをコツコツ続けた結果だと思っています。

もちろん、大変なこともたくさんありましたけど、頭を使って、工夫して、お金を貯めて、知恵をつけていくという経験は、何にも増してかけがえのないものです。

こういう努力を、やっているのといないのとでは、大きな差がつきます。

努力をしている間は、その差を実感できないかもしれません。でも、ちりも積もれば……と言いますように、続けた人にしか、その差を感じることはできません。ふと後ろを振り返った時に、一緒に歩いていたはずの人たちが、遥か後方にいたりするのです。

他人と一歩差がついたと思うと、ニンマリしたくなります。

続けていけば、「何があっても、なんとかなる」って、きっと思えるようになってきます。

もちろん、お金のことについては、心配が尽きないのも事実です。たくさん持っている人だって、不安を感じるものでしょう。

でも、想定外のことについて考え出したら、キリがない。

だから、思いの及ばないことは、「自分一人でなく、みんながニッチもサッチもいかなくなってるんだ！」って考えて、あれこれ悩まないのが一番です。

お金がないのは、「首がない」のと同じ

前章でお話ししたように、うちは父が早くに亡くなり、とても貧しい暮らしをして

いました。お金のないつらさを、身に染みて感じながら生きた子ども時代でした。

そんな暮らしでも、母は泣き言一つ言わず、頑張って働いて一家を養っていましたが、一方でこんなこともよく口にしていました。

「金がないのは、首がないのと一緒」

お金がないということは、人間にとって一番大事な（首から上の）頭がないのと同じこと。

それがなければ、何もできないというくらい大変なこと。

母の言葉はそういうことだと思いますが、それを私なりの言い方に変えたら、「お金がないのは、脳みそがないのと一緒」「脳みそがなければ、何も考えられなくなり、今よりもっと貧しくなってしまう」となります。

そう考えると、**お金がないならなおのこと、頭を使って考えることが大切**だと思えてくる。頭を使って知恵をつけて、「首」をなくさないようにすることが、やがてお金につながっていくんだって、そう思えてきます。

人間カツカツの暮らしをしていると、心も貧しくなります。

ひがみっぽくなり、卑屈になって、余裕もなくなっていくものです。

でも、私の母はどこかおっとりして、ユーモアがあり、前向きでした。

「お金がないのは首がないのと一緒」と言いながら、「寝るほどラクはあるか!? 知らぬたわけ（頭が悪い人）は起きて働く」とも言って、「はよ寝なさいよー」と、子どもたちを床《とこ》に就かせていました。

私は、子ども心に「お金がないのって、大変なことでしょ？　そんな呑気《のんき》なこと言ってていいの？」なんて思ったものですが、貧しくても子どもを不安にさせまいという母の思いやりが、今振り返るとよくわかります。

暮らしが貧しくても、心まで貧しくならないようにと子育てをしてくれた親心に、思い出しても涙が出ます。

こういう環境が、お金がなくてもへこたれず、一銭でも儲けていこうというたくましさや、頭を使って稼いでいく知恵を授けてくれたんじゃないかって、そんな気がするのね。

だからあなたも、どうか卑屈にならないで。

「どうせ金もないし」「今さら金持ちになんてなれないし」なんて考えながら毎日

を過ごしていたら、儲けるチャンスも遠のいちゃう！

お金に困っている時ほど、自分を奮い立たせてほしいんです。

何歳になっても、「このままじゃ終わらないぞ」っていう気概を持ってほしいんです。

私が、貧しさから這《は》い上がって稼げるようになったのも、この気持ちがあったから。

お金をたくさん稼ぐのは、その人の能力や運もあるでしょうが、逆に能力や運を連れてくるのも、あなたの心一つなんですよ。

無駄遣いは「お札をハサミで切る」のと同じ

無駄遣いって、「悪」だとわかっていても、ついついしてしまうものですよね。「ちょっとくらい構わないだろう」「多少の無駄遣いなんて普通のこと」と思いながら生活していらっしゃる人も多いと思います。

でも、**無意識にしてしまっている無駄遣いは、罪**とも言えます。

かつて私の会社で、こんなことがありました。

ある従業員は、水道の水がチョロチョロ流れっぱなしになっていても、全く気にしない。電気のつけっぱなしに至っては日常茶飯事。

いくら注意しても、なかなか意識を変えようとしてくれない。

「これはいかん！」と思った私は、ある時、従業員に一万円札とハサミを渡して、こう言いました。

「そのハサミで、一万円札を切りなさい」

従業員は驚き、「なぜ、ハサミでお札を切れなんて言うのですか?」と尋ねてきました。

そこで私は、こう言って聞かせました。

水や電気はタダじゃない。出しっぱなしやつけっぱなしは、お金を無駄に捨てるのと同じこと。この一万円札にハサミを入れて、使い物にならなくするのと同じ。あなたがしていることは、一万円札を切るのと同じなのよ、と。

彼は、お札を切ることができませんでした。

以来、その従業員は、水や電気の無駄遣いに気をつけるようになりました。

さらに、備品も含め、使わずに済むものは使わずに済ませる気配りをするようになりました。

「ハサミでお札を切れ」だなんて、ちょっと乱暴だったかもしれないけど、無駄遣いはお札を切るのと同じだと実感したことで、意識を変えてくれたんですね。

お金の重みを実感してみる

お金って、口で喋《しゃべ》ったり帳面に書かれた数字を見たりしているだけだと、しばしばその大切さや重みがわからなくなります。

億単位の大金でも、実際の大切さや重みを実感できなければ、単なる数字にしか見えなくなることがある。

目に見えないから、つい使いすぎたり無駄に使ったりしちゃうのね。

でも、実際にお札を前にして、「これをハサミで切れ」と言われたら、そうそう切れるものじゃありません。一万円札はおろか、たぶん千円札だって切れない。

だからあなたも、**節約意識を高めたいなら、「お札を切るようなことをしていないか？」って、考えてみるといい**と思います。

「無駄遣いしないように」って気をつけるより、「お札をハサミで切り刻んでいないか？」って考えたほうが、実感が湧くんじゃないかしら。

節約できたお金は、ぜひ、あなたの好きなことに使ってみてください。

そういう目標があればこそ、「節約、やってやろうじゃない！」と思うはずです。

何事も、楽しみながらではないと、続きません。

最近は、電子マネーを使う機会が増えて、現金の重みがよりわかりにくい世の中になってしまったかもしれません。

そんな風潮に足元をすくわれないよう、「お札を切ってなるものか！」という気合いで、大切なお金を守っていきましょう。

第3章

シニアこそ、
食べることで
健康体を手にしよう

食べることは生きること

歳をとると、どうしたって食が細くなります。
若いころのようには食べられなくなります。

筋力を落とさないためにも、できるだけたくさん食べなきゃ。
肉でも魚でも、ガンガン食べて元気でいなくちゃ。
でも、思うように食べられない、すぐにお腹がいっぱいになってしまう。
そんなお悩みをお持ちの人も、少なくないと思います。

ここでは、80歳からの食の楽しみ方、注意すべき点などをお伝えしていきます。

ポイントは三つです。

●自分の体の栄養補給を怠《おこた》らない
●自分の体を支えるベースになる食べ物を決める
●好きなものを食べるために、自分の体と対話する

特に強調したいのは、最初のポイント（他の二つは、あとで詳しく述べます）。

高齢者は、エネルギー不足にはとりわけ注意すべきです。


ちゃんと食べているつもりでも、嫌いなものを避けて同じものばかり摂取していたり、お腹が空かないからと食事をおろそかにしていたりしませんか。

まだ若ければ、体がなんとか頑張ってくれて、健康は保たれるかもしれません。

でも、私たちシニア世代の体は、もうそんなに丈夫に保たれていません。食が即、その日の体調に影響してきたりするのです。

私たちがエネルギー補給を怠れば、体力が回復しにくくなり、ケガや病気の原因にもなりかねません。

だから、私の一番気をつけている健康法は、「できるだけ空腹の状態を作らないこと」です。

世の中、空腹ダイエットみたいなものが流行っていたりしますが、私はなるべく、お腹がグーっと鳴る前に栄養の補給を心がけています。

実際に、**シニア世代にとっては、やせ型になると死亡リスクが上がるという研究もある**くらいですから、「食べる」ということは健康にもっとも効果的です。

無理をすることはありません。でも、食べられるなら、食べましょうよ！　食べることは生きることですから。

体を「赤字」にしない

あなたは、自分の命をつなぐために、どんな努力をしていらっしゃいますか。

「命をつなぐって、そんな大げさな」とおっしゃる人もいるかもしれません。

でも、みなさんしているのですよ、命をつなぐこと。

私は、前述したように、お腹がペコペコにならないようにしています。

空腹というのは、言い換えれば「体が赤字になる」ということです。

これは、ゼロを通り越して、体が「助けてー！」と危険信号を出している状態。

経営は赤字にしたらダメで、常に黒字にするよう心がけます。

けれど、これは体についても一緒。体も赤字にしたらいかんと思っています。


どういうことか説明しますね。

「あんまり食べたくないなあ」なんて思って、食べない習慣がついてしまうと、体はどうなるでしょうか。

食べなくなっていくことは、生命力が落ちていくことです。これは、言い換えると、**自分の体をマイナスに、死の方向に向かわせている**ことになります。


だから、自分を殺してしまわないよう、絶えず命をつなぐようにしていかないと！

お腹が減っている状態を、作らないようにしないといけません。


そして、食べることはバランスも大事。

私が、蒸し野菜を作っていつも食べられるようにしているのも、果物を欠かさないようにしているのも、絶えず命をつなぐため。そして、栄養の過不足がない状態を保つためです。

だから、**栄養が足りないのも赤字。栄養過多なのも赤字です。**

私は外出の際、梅干しや海苔を携帯します。これも、すべて体の赤字を防ぐためなんです。

外に出た時に、ちょっと小腹が空くことありますよね。そんな時、カバンからパッと梅干しを出して、ポイっと口に含む。はい、充電完了！ これは、まさしく「食べ物の銀行」を持って歩いているようなものです。

体を赤字化させない食べ方のススメ

空腹を作らないということで、特に気をつけたいのが朝食です。一日をマイナスから始めたら、もうそこで消耗してしまっています。儲け（プラス）を得たいなら、朝ごはんはしっかり食べなきゃいけません。

私は、朝からかなりの量の食事をとっています。若い人からたじろがれるくらいの食欲があります。でも、これは私が大食いというわけではありません。ただ、食に対する欲が尽きない。それだけなんです。

毎回の食事が楽しみで仕方ないのです。「食べることは生きること」って言ったけど、本当につながっていると思うの。だから、食事を前にすると嬉しくなって、ついつい食べちゃう。

朝ごはんを食べるたびに、「また儲けたな」なんて思える。それって、毎日幸せじゃないですか。

一日元気でいるために、朝ごはんをしっかり食べる！

人生において、食べることは大きな楽しみの一つです。あなたが、「食べられる人」なら、ぜひ、食を楽しみ尽くしてください。

最近は一日二食しか食べないとか、一食しか食べないなんていう人もいるみたいですけど、私はきちんと三食食べるようにしています。

三回に分けて食べたほうが、胃がよく働いて、食が進むように感じられます。

一番よくないのは、食べたり食べなかったり、不規則な食べ方をすることね。

例えば、面倒臭くて朝食を抜く、忙しくて昼ごはんを食べずに我慢する。

こういう食べ方を続けていると、胃が不安定になってよくないです。
私は、医者でもなんでもないけれど、これを実践し続けてウン十年、今も健康!
私の体が証明してくれています。

もちろん、食欲がないのに無理やり食べる必要はありませんが、胃の調子を保つためにも、不規則な食べ方は避けるに越したことはありません。

逆に、一度にたくさん食べられないという人は、少しずつ分けて食べたらどうでしょう。

食べられる分を食べて、お腹が空きそうになったらまた満たして、**一日五回、六回と分けて食べたっていいんじゃないでしょうか。**

だから、定期的に自分の体に問いかけてみてください。「今は黒字かな。赤字になってないかな」って。意識することで、体の赤字化を防げるはずですよ。

自分なりの、お腹が空きすぎないペースをつかんで、常備する梅干しなどをこまめに摂取する習慣をつける。それで体を赤字にしないようにしましょうね。

100年もつ食べ物を常備する

どの家庭にも、親から受け継いだレシピ、料理の味があると思います。お味噌汁、朝食に出てくる卵料理、野菜やお肉を煮込んだカレーライス……一品、二品は頭に浮かぶんじゃないでしょうか。

うちには、亡くなった祖母や母が残してくれた年代物の梅干しがあります。

100年前、150年前のものもあります。

そのくらいの年数になると、梅干しを漬けた壺の表面から塩が吹いて、梅の色も黒く濃くなってきますけど、これがものすごーく深い味なんです。

体に染み入る優しい酸味、旨味。

おまけに、ほのかな甘味も感じられます。

私の体を支えてくれる、かけがえのない人生の宝物です。

あなたにも、そういう食べ物ありますよね。

体の軸になる食べ物……これを「ジク飯」と命名します。

ここでは、私の健康維持に欠かせない、三つの「ジク飯」をご紹介しましょう。

①梅干しと海苔
②黒豆
③出汁《だし》

まず、手作りの「梅干し」から。

梅干しに含まれるクエン酸は、さまざまな体に良い効果があります。**クエン酸は、血管をキレイにしたり、体力回復に役立ったり、胃腸の働きを整えてくれる**んですよ。

少しでいいから、栄養効果の高いものを食べてください。

よく、スポーツ選手が運動中に梅干しを舐めたりしますけど、それはクエン酸に疲労回復効果があるから。

おまけに梅干しのクエン酸には、体内のカルシウムの吸収をよくする働きもあります。骨が弱くなる高齢者にとっても、すすんで摂りたい栄養素ですよね。

年に一度、梅干しを漬ける

私も母に倣《なら》って、毎年梅干しを漬《つ》けます。

梅の実は、大きめで、赤みを帯びた青梅を選びます。

それをきれいに洗って、気持ち多めに塩をふります。

塩をふると実の表面がグッと固くなって、傷つきにくくなり、美味しい梅干しに仕上がるの。傷があるとそこから栄養も旨味も抜け出てしまうので、少しでも傷がないことが大事なんですね。


大量生産の梅干しだと、どうしても傷ができます。大事な成分が失われてしまいます。

だから梅干しは、できればやっぱり手作りで。

漬けたあと天日でじっくり干すと、ふっくらとして旨味が増して、本当に美味しくなります。

ちょっと手間ひまかかりますけど、一年に一度の行事だと思って、ぜひ梅干し作りに取り組んでみてください。

100年ももつほどのパワーを持った、スーパーフードなんですから。

私は外出する時、鞄の中にいつも梅干しと、もう一つ、海苔を常備しています。

海苔はビタミンやミネラルの宝庫と言われますけど、それだけでなくアミノ酸も豊富です。海の恵みがギュッと詰まった食品です。

梅干しと組み合わせたら、もう鬼に金棒でしょ。

海苔は、食物繊維もたっぷり含まれているので、水分と一緒にとるとお腹の中で膨張します。お腹が空いてしまった時、海苔を食べてお水を飲むとお腹が膨らんで、空腹を軽減してくれます。

お腹が空くと、エネルギーが落ちて意欲が湧かず、疲れやすくもなりますよね。そんな時、海苔はちょっとした救助食になってくれるんです。

今の時代は、サプリメントを含め、健康食品がワンサカあります。

そういうものも悪くはないんでしょうけど、あれこれ新しいものに飛びつく前に、梅干しや海苔、黒豆、出汁のような古き良き伝統食を見直すのも大切なこと。

身の回りにある食べ物の価値を、もういっぺん見つめ直してみましょうね。

「黒豆」を3秒で作っちゃう方法

梅干し以外にさらにもう一つ、ぜひ作ってほしいものがあります。「黒豆」です。

黒豆は、美肌を保つのに役立つイソフラボンや、老化を防いだり目の機能を改善するアントシアニンも豊富です。黒豆というとお正月に食べるイメージがありますけど、毎日でもいただきたい食品です。毎日いただいても、飽きがこないっていうのは、それだけで貴重な食べ物です。

さらに、誰にでも、さっと作れてしまうお手軽フードなんです。

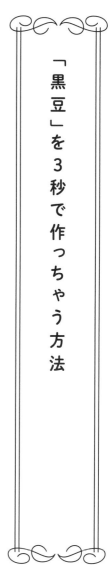

「黒豆って、水で戻して、煮て、冷まして、時間がかかって面倒臭い」

そうおっしゃる人もいるかもしれませんけど、とんでもない。

3秒あったら、作れますよ。

具体的には次のようです。

①黒豆1合（約180ml）を硬いまま鍋に入れる
※鍋は大きめ、深めの鍋を使う
②豆の10倍の水（1升＝約1800ml）を入れる
③強火にかける
④沸騰したら中火にして、吹きこぼれないようにコトコト煮続ける
⑤50分～1時間で火を切る
⑥水が減った分だけ、また水を足して、③～⑤をあと2回行う
⑦豆が柔らかくなったら完成

煮るのに時間はかかりますけど、**実質あなたが時間をかけたのは火を点ける・調節する・消すだけ。**全部で3秒もあればできちゃいます。

手抜き上手は料理上手

こうしてコトコト煮たあと、7~8時間放っておくと、温度が下がるとともに豆が発酵して、アミノ酸がグンと増えます。黒豆そのものだけでなく、煮汁にも栄養分が豊富に含まれます。

この煮汁（黒豆ジュース）も、黒豆と別に冷蔵庫に入れて保管して、ハチミツや黒砂糖を入れて飲み物としていただきます。これがまたトロリとして、本当に美味しいの。

ですから、**黒豆を煮る時は砂糖などで味付けしません。**

味付けしたいなら、煮汁をとったあとで味付けしましょう。

あとから味付けしたほうが、甘くもしょっぱくも、その都度加減ができて、味をさまざまに楽しめます。


このように、水で煮るだけですから、黒豆を作るって本当に簡単です。

特別な材料もワザもなしで作れる、究極の手抜き料理。


これは一つの例ですが、料理は美味しさはもちろんだけど、上手に手抜きすることも大事なんです。

なぜかというと、手抜きして余計な手間を省けば、できた時間を別の必要な何かに振り分けられるから。

ゆっくり休んだり、何か別のことをしたり、好きに使う時間が増やせるわよね。

栄養豊富で美味しいものを、時間をかけずに作って食べる。

そんな食事を心がければ、栄養の行きとどいた体になって、自然とゴージャスな心の自分になっていくんじゃないかしら。

私の体はお出汁でできている

90歳近くなっても、バリバリ働ける吉川幸枝の元気の源は何か。

梅干し、海苔、黒豆……いろいろあげてきましたが、まだとっておきのものがあります。

それは「出汁」です。昆布や鰹節や煮干しなんかから取る、あのお出汁。

私は、出汁を普段から切らさないようにして、積極的にとるようにしているのです。

「シニアは体が乾いているから、水分補給を怠らないように」なんてお医者様から言われたことがある人もいると思いますが、**水ではなくて出汁を切らさないようにすることをおすすめします。**

これは、私の幼少のころからの体験が大きく関係しています。


じつを言うと、**私は「出汁」で育ったの。**


私は13人きょうだいの末っ子で、母が44歳の時の子です。

何人もの子どもたちにお乳をあげてきたせいで、母のおっぱいはペラペラ。

私は、お乳を吸ったこともなければ、舐めた記憶もありません。

まあ、さすがにそれだけ産んだら、おっぱいが出なくなっても当然よね。

専門家の先生から教えていただいたんですけど、出汁の成分のグルタミン酸は、胎児が浸かってる羊水にも含まれるものなんですって。そのくらい滋養《じよう》に満ちているわけです。

生まれたての赤ちゃんは、何を飲ませても吐き出してしまうけど、出汁は飲めると言います。これは、母乳と昆布だしのグルタミン酸の濃度がほぼ同じなので、すんなりと飲めるのかもしれません。

「おっぱいの代わりに出汁で育ったなんて、かわいそう」と思われそうだけど、じつはそれに勝るとも劣らない栄養を与えてもらっていたってわけです。

私は今でも、365日、出汁のお世話にならない日はないくらいです。そう、私の体は常に、お出汁で満たされているんです。私がこんなに健康で過ごさせてもらっているのは、出汁のおかげだと思っています。

でも、出汁を取るって、面倒に感じるかもしれませんね。「ていねいな暮らし」をしている人、時間がある人がやっていることだから、自分には関係ない。そんなイメージすらあるかもしれません。

けど、とっても簡単にできるので、次の吉川流、正しい出汁の取り方を試してみてください。

吉川流　出汁の取り方

準備するものは、水一升、酒一合。

鰹節なら厚削りを四十五グラム、昆布なら五センチ四方に切ったものを十二枚。煮干し二十八匹。

これらを鍋に入れて火にかけ、約15分間沸騰させたら、火を止めずに鰹節や昆布、煮干しを取り出します。

この「火を止めない」ってところが肝心ね。

火を止めて温度が下がると、出汁がふたたび素材の中に引き戻されてしまうの。

だから火を止めずに、温度を一度でも下げずに、熱いうちに手早く取る。

これで一番出汁の出来上がりです。

続けて残った素材を使い、同じ分量の水とお酒を入れて、今度は25分沸騰させ、二番出汁を作ります。二回続けて出汁を取ることで、素材に含まれる栄養を根こそぎ引っ張り出しましょう。

一番出汁は、冷蔵庫で大事に保管し、エネルギー源として朝の味噌汁などに使います。**時間がない朝は、冷やご飯にこの味噌汁をぶっかけていただきます。**

暑い季節であれば、少し塩を入れて冷たいまま飲んでもいいです。出汁は本当にスムーズに、サッと染み渡ってくれるので、朝のコーヒーがわりにいただいてもいいんじゃないかしら。

二番出汁は、野菜や魚の煮付けなどに使うと、より美味しくなり栄養効果も高まります。

これも一番出汁同様、冷蔵庫に保管し、少しずつ使います。

ただし一番出汁も二番出汁も、時間が経つと栄養価が半減してしまうので、**一週間を目安に使い切る**ようにするのがおすすめです。

出汁を取るというと、手間ひまかけるイメージがありますけれど、材料を火にかけるだけですから、やってみればじつに簡単です。

作り置きで一週間はもつんですから、面倒くさいことなんかちっともありません。

簡単に作れて、美味しくて栄養もたっぷりで、さまざまな料理に応用できます。

こんなありがたいもの、そうそうないでしょ。

あなたもぜひ出汁を作って、冷蔵庫に常備してくださいね。

「アク」こそ「力」アクのある人になろう

出汁の取り方を説明してきましたが、特に気をつけてほしいのが、煮干しの取り扱いです。

煮干しって、昆布や鰹節と違って、なかなか柔らかくなりませんよね。そのまま食べると硬いから、出汁をとったあと、食べずにポイッと捨てちゃった……なんてこともありますよね。

それ、すごくもったいないです。

煮干しは腹わたごと食べられるので、内臓由来のビタミンEがたっぷり。これを摂取しない手はありません。

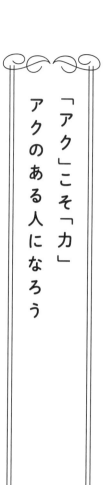

そこで、**煮干しを出汁で使う場合は、まず煮干しを冷凍にする。**そして使う時に冷凍庫から出して、手でギュッと揉《も》んで、ボロボロにして入れる。

そうやって粉状にして使えば、煮干しの硬さも歯応えも気にならず、栄養源を丸ごといただくことができますよね。

「煮干しはワタを除いて使う」という方法もあるみたいですけど、私に言わせれば、そんなのは言語道断。

せっかくの栄養をほかって（捨てて）しまうなんて、そんなもったいない話ありますか。

同じように、**調理中に浮き出てくるアクも、取り除いたらダメ。**

アクはネズミ色だったりで見た目がよくないけれど、アクには大事な栄養素がたっぷり詰まっています。独特の旨味や風味を生み出す元でもあります。

苦味や渋味は悪いもののように言われますけど、それもその素材ならではの持ち味です。その持ち味がなかったら、素材の魅力も半減します。

だからアクというものは、そう簡単にすくい取ったらいけないんですよ。

これ、人間についても同じよね。

人間もアク（クセ）があればこそ、個性が輝いて魅力的になるでしょ。

クセって、嫌われることもあるけれど、それを消してしまったら、薄っぺらでなんの味わいもない、つまらない人生になっちゃうじゃない。

人の魅力って不思議です。

人を好きになる時って、相手のアクの強いところに惹《ひ》かれていたりするのではないでしょうか。一見、マイナスに感じて、自分では嫌だと思うことって、人から見たら魅力に見えたりすることもあるから。夫婦関係でも、相手のアクを良いと感じている人もいるでしょう。

だから、アクを大事にしてください。

アクこそ力。だからアクは取らなくていい。

その素材ならではの、その人ならではの大事な個性を、簡単にホイホイ除いたらいけません。

果物のみずみずしさをいただく

季節に限らず、私たちシニアはお肌が乾燥しがちでしょ。

だからって、化粧水を持ち歩いたり、ハンドクリームを常備したり……そういう努力をするよりも、もっと自然の力を借りましょう。

果物を欠かさずに食べることも、私の健康の秘訣と言っていいかもしれません。

バナナ、リンゴ、ナシ……私は果物を必ず常備して、小腹が空いたら口に入れます。

特に好んでいただくのがスイカです。

スイカに含まれる水は「黄金の水」。ミネラルたっぷりで、本当に体にいいの。

と言っても、体にいいのは、皮に近い白い部分。

みなさん、主に赤いところを食べて、白いところは食べずに捨ててしまうと思うんですけど、それは非常にもったいないことです。

赤いところより、あの白いところをすすって飲んでいただきたい。

というのも、スイカが土から吸い上げた養分（を含んだ水）は、実の外側から内側に向かって広がります。

養分の多くは、自ずと白いところに溜まり、残りが赤い部分へと流れていきます。

要するに、赤いところよりも、白いところにこそ栄養がたっぷり！　どうやら、動脈硬化の緩和なんかにも効くみたいですよ。

「どうしてそこをガッツリ食べないの？」って話なんです。

あと、私はメロンも大好き。

何か頑張りたい時や、頑張った時には、自分へのご褒美としてメロンと生ハムを買って、生ハムメロンをいただきます。

上品にちっちゃく切って食べるんじゃなく、半分に切ったメロンに生ハムを載っけて、そのまま豪快にパクパクいただくの。

たまにこういう贅沢をさせていただくのも、悪くないでしょ。

なにも高いメロンを買うわけじゃないですよ。

なるべく安いもの、売れ残り寸前の熟したものを買うの。

安いし美味しいし、一挙両得じゃないですか。

私の場合、行きつけのお店の人から「売れ残りがあるよ」って連絡をもらって、それを買って食べることも多いんです。

そういう意味では、店の人とおしゃべりして、仲良くなっておくのも大切なこと。馴染《なじ》みになっておけば、そういうお得な情報もいただきやすくなるものです。

最後に、果物を使った私のとっておきレシピを紹介します。

用意するものは、一房の種なしブドウ、アボカド、そして出汁。

ブドウはすべて皮を取り、アボカドは一センチ角に切ります。

それらを混ぜて器に盛って、最後に出汁をかける。

切って混ぜただけだけど、美味しくて見た目もお洒落で、ゴージャスな気分になります。デザートやお酒のあてに、あなたもぜひ作って食べてみて。

自分の「胃ちゃん」と会話しよう

歳をとって若い頃と比べて食べられなくなったら、どうやって食を楽しんだらよいのでしょう。

答えは、「好きなものを食べる」。これに限ります。

そりゃそうだろうって思うかもしれません。でも、ここでは、吉川流「食の楽しみ方」を伝授しちゃいます。

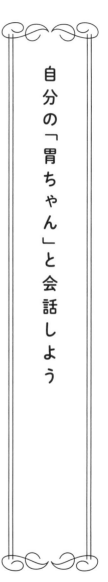

具体的には、こんな方法をおすすめします。

自分の胃に話しかけてみてください。

「あんまり食べたくないけど大丈夫かな？」って不安になったら、あなたの「胃ちゃん」にじっくり言い含めてみてください。

「胃ちゃん、お願い。食べないと体調に響くから、食べさせて。よく噛んで食べるからね。あなたに負担のないように食べるから、お願いね」って。

ばかばかしい、なんて思わずに、試しにやってみてくださいな。

こうやって話しかけると、案外すんなり食べられたりするんですよ。

だって、胃も自分の体の一部ですもの。

手足があなたの意図を汲《く》んで動いてくれるように、胃にも適切に指示を与えてお願いすれば、きっとあなたの願うように動こうとしてくれるはず。

無理のない範囲で、必要なものを取り入れようとしてくれるはずです。

もちろんそのためには、「胃ちゃん」と仲良しになっておくことが欠かせません。

困った時にだけ頼られても、「そんな都合のいいことはごめんだよ」と、誰だって思いますよね。

日頃から胃を労《ねぎら》って、胃に話しかけて、胃のほしいものを知ろうとすることが大事です。

胃とろくに会話もせず、胃に負担をかける食べ方をして、胃の悲鳴を無視するような食生活を続けていたら、胃がうまく動かなくなって当然です。

身に覚えのある方は、普段胃に無理させていないか、一度反省してみてください。負担を強いるようなことをしていたと気づいたら、「ごめんね」って謝って仲直りしてください。

そうやって胃と仲良く会話できるようになれば、だんだん胃がほしがっているものもわかるようになります。

胃が喜ぶものがわかり、胃が喜ぶ食べ方ができるようになります。

そうすれば、胃が元気になって食欲が正常になり、「なんだか食欲がわかない……」ということも少なくなるんじゃないでしょうか。

ちなみに胃が、体が、もっともほしがるのは、なんだと思いますか。

「新鮮な魚介を使ったお寿司」「ジューシーなステーキ」「甘い甘いケーキ」……どれも、**あなたが大好きで、心から食べたいと思うものなら、正解です。**

でも、私からのおすすめもお伝えしておきますね。それは、四季折々の旬の食べ物です。

なぜかというと、旬の食べ物には、その素材の持ついいものがたっぷり詰まっているから。体はそういうものを、旬の素材が持つ力を求めているからです。

そんな体の願いに応えるためにも、できるだけ食生活には、季節の食べ物を取り入れましょう。

月々の旬を調べて、毎月食事に取り入れるようにしたいですね。

そうすればきっと「胃ちゃん」も喜び、あなたのお願いにも応えてくれるようになるんじゃないかしら。

体の中にペットを飼う

私は胃だけじゃなく、腸とも話すの。

朝起きたら、「腸ちゃん、元気？　今日もよろしくね」。

夜寝る前に、「腸ちゃん、ありがとう。お疲れ様」って。

話しかけるものが多くて大変ですけど、やってみると結構楽しいものですよ。

私は、朝っぱらからステーキをいただいちゃうこともあるんですけど、美味しくペロリといただけるのは、胃ちゃん、腸ちゃんとしっかり会話して、仲良くしているからです。

彼らは、私がどんなに落ち込んでいても、どんなに忙しくても、いつもそばにいてくれます。そんな胃ちゃん、腸ちゃんを愛しく思います。ぜひ、あなたも、彼らを味方につけてください。

ここで私が言いたかったのは、ようするに、**自分の体と会話をすることで、自分を大切にしてほしい**、ということです。

胃ちゃんや腸ちゃんと話すことだけではありません。肩ちゃん、腕ちゃん、お尻ちゃんにだって話しかけてください。

いろんな体の部位と会話をする。**体の中にペットを飼っているようなイメージで**

話してみると楽しいですよ。

自分の体に話しかけるだけで、意識がそちらに向きます。それは、その体の部位を「気にかけてあげること」と同じです。そうすれば、不調にも気づきやすくなるし、調子のいい時はちょっと頑張って働いてもらう、なんてことだってできますよね。

始終気にしていたら忙しいだろうけど、私たちシニアは、それくらい頑張ってちょうどいい。そう思うのです。

第4章

いつまでも美しく、ピンピンでいるための心得

心と体を「スルメ」にしない

歳をとると、筋肉が衰えます。

骨密度も下がって、骨折しやすくなります。

筋肉が衰えて転びやすくなり、骨が弱ったせいで骨折して寝たきりに……なんてことにならないように、筋肉をつけなきゃ。骨を丈夫にしなきゃ。

そう思っている人、きっとたくさんいますよね。

でも、じつは筋肉や骨を丈夫にする以外に、大事なことがあります。

それは体の「しなやかさ」。

筋肉が自由に動くよう、柔軟性を保つことが重要なんです。
これは、私自身、かなり実感のある話ができます。

じつは、私、先日**デパートのエスカレーターで転倒しました。**
上から下までゴロゴロゴロゴロ！　って。八回転くらいしちゃったかしらね。
店内が騒然となって、救急車が二台もやってきて。
この時ばかりは、さすがに「ああ、これはもういかんなあ」って思いました。

だけど、いざ病院に運ばれて診てもらったら、命に全く別条なし。
多少の出血や打ち身はあったけれど、骨折もなく、入院の必要もなし。
これには、病院の人たちもみな驚いていましたね。

お医者さんが言うには、私は骨密度も高いけれど、何より「筋膜」が丈夫らしいの。

筋膜というのは筋肉を包んでいる膜で、これが筋肉を守り、筋肉を自由に動かせるよう調整してくれているのだとか。

私の場合、筋膜がとても柔軟で、そのおかげで筋肉がしなやかに動き、骨折に至らずに済んだってわけね。


これ、**例えて言うなら、「イカ」か「スルメ」のどっちか、ってこと**だと思うの。

体が柔らかくしなやかに動く生のイカか、それとも硬くてポキッと折れてしまいそうなスルメか。

骨折を防ぐには、体をスルメにしない、イカのように柔らかくしなやかにしておくことが大事、ということじゃないかしら。

120歳まで生きるために、まずは柔軟性を手に入れましょうよ。

私のこの話に説得力を持たせるために、調べてみました。

体が硬い人のリスクって、どんなものがあると思いますか。

ケガをしやすくなる、疲れやすい、そして、体が硬いことで認知症にもつながるケースがあるようです。これはびっくりですね（転倒によるケガをきっかけに、入院して、認知症を発症することがあるようです）。

歳をとるから、体が硬くなると思いがちですが、私のように高齢になっても体が柔らかい人はたくさんいます。

ズバリ、体が硬くなる原因は、「運動不足」だそうです。だから、若い人でも運動しない人は、体がスルメになっちゃうわけです。

筋肉や靭帯は、可動域の限界まで使うと柔軟性が高まるとか。

でも、日常生活の中では、筋肉も靭帯も限界まで使う機会がなかなかありません。

だから、筋肉や靭帯が硬くなる↓体が硬くなるというワケです。

結果として、体を動かしましょうということですが、私たちシニアには、激しい運動は難しいです。だから、筋肉や靭帯をたくさん伸ばしたり縮めたりするストレッチがピッタリだと思います。

私のおすすめのストレッチは、後ほど紹介しますね。

ここでは、もっと手軽に体をしなやかにする方法をお伝えします。

心がカチカチだと、体もカチカチになる

まず、体と心はつながっている、ということを認識していただきたい。

わかりやすい例をあげると、心配事があったりしてストレスが増えると、胃が痛くなったりしませんか。心が健全な状態でないと、体は心からなんらかの影響を受ける

ものです。

心がカチカチだと、だんだん体も硬くなって、病気やケガを招きやすくなっちゃいます。

例えば、他人と無駄に争う、怒りをぶつける、あれこれ言い訳をする。

こんなことしたら、心の潤いがなくなってカチカチになるわよね。

心が固まっちゃうと、体もギュッと縮こまって、視野も狭くなって、転びやすくなったりいろいろなところがうまく動かなくなったり、ケガをしやすくなりそうでしょ。

だから、体を柔らかくしなやかにしたかったら、まずは心から整えてください。

エクササイズで体を柔らかく変えるには、時間がかかるかもしれません。でも、心を整えることは、その気になれば、今すぐにでもできることです。

心のしなやかさを保ちたかったら、いちいち怒らないこと。

残念なことに、あなたと同じ意見、同じ気持ちでいてくれる人は、この世の中に一人もいません。そんな人ばかりだったら、感情をかき乱されるようなことはないでしょう。でも、そんな人は一人もいないと思ったら、あきらめつきませんか。

何か気に食わないことを言われたり、されたりすることだってあるでしょう。

でも、いちいち頑《かたく》なにならないで、「ごめんなさいね」って、サラッと自分から頭を下げる。

そうしたほうがしなやかさが増して、体だって連動して、ずっとしなやかになると思います。

世の中で「老害」と呼ばれている人は、心にしなやかさがなく、硬いのだと思います。

そうはなりたくない。でも、いちいち怒るなと言われても、難しい。どうしていい

郵便はがき

切手を
お貼りください

105-0003

（受取人）
東京都港区西新橋2-23-1
3東洋海事ビル
(株)アスコム

人生は80歳からが
おもしろい

読者　係

本書をお買いあげ頂き、誠にありがとうございました。お手数ですが、今後の出版の参考のため各項目にご記入のうえ、弊社までご返送ください。

お名前	男・女	才
ご住所　〒		
Tel	E-mail	
この本の満足度は何％ですか？		％

今後、著者や新刊に関する情報、新企画へのアンケート、セミナーのご案内などを郵送またはｅメールにて送付させていただいてもよろしいでしょうか？
□はい　□いいえ

返送いただいた方の中から**抽選で３名**の方に
図書カード3000円分をプレゼントさせていただきます。

当選の発表はプレゼント商品の発送をもって代えさせていただきます。
※ご記入いただいた個人情報はプレゼントの発送以外に利用することはありません。
※本書へのご意見・ご感想およびその要旨に関しては、本書の広告などに文面を掲載させていただく場合がございます。

●本書へのご意見・ご感想をお聞かせください。

ご協力ありがとうございました。

かわからない。

そんな人には、**「感謝ストレッチ」**をおすすめします。体にストレッチがあるように、心にだってストレッチがあってもよくないでしょうか。

「感謝ストレッチ」なんて言ったけど、やることは簡単です。

感謝の気持ち、「ありがとう」。

このひと言を、なるべくたくさん使って、口ぐせにしてみましょう。

まずは身近な人へ、「ありがとう」。

「なんで？」なんて言われるかもしれません。

でも、細かい理由を説明しなくたって、いいと思います。

とにかく、「ありがとう」。

言いたくない人に無理に言うことは、ありません。

あなたが好きな人、気にかけている人、尊敬している人……そんな人たちに言えばいいのです。

それだけで、お互いあたたかい気持ちになれるはず。

「感謝ストレッチ」で、心がどんどんしなやかになっていくの。

「本当に?」って思うかもしれませんけど、これ、本当。

何十年もサービス業をやってきて、いろんな人に接してきた私の経験から得た、重要な健康法の一つです。

だってその証拠に、私、エスカレーターから転がり落ちても、骨折一つしなかったでしょ。それに88歳の今、心も体も元気いっぱい。自分の感覚では50代ごろとあまり変化がないくらいです。

かつての私は、よく怒っていました。人と要らぬ争いもしていました。
そのせいで、体も痩せてカチカチで、まさに「スルメ」のような時もありました。
そんな私でも、ここまでしなやかに変われました。
しなやかな心身を作るのに、遅すぎることなんてありません。
柔らかくしなやかに、スルメにならない心と体を作っていきましょうよ。

リビングでキッチンで、「吉川流 ながらストレッチ」

人間、60も過ぎれば、体のどこかを痛めていたり、若い時ほど思うように体が動かせなくなったりしていたり、モヤモヤを抱えている人、多いんじゃないかと思います。元気ピンピン！ 痛いところなんてありゃしない！ なんて人は稀《まれ》で、大なり小なり、体に不調は抱えているはずです。

しかし、体を動かすのがいいとわかっていても、「わざわざ運動なんて、面倒臭くて……」と思って、実行に移せない人いますよね。

そういう人たちは、おうちでストレッチするだけでもいいと思います。

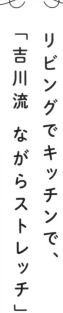

ストレッチといっても、難しいことはありません。

運動は、毎日続けることが大事です。

そのためには、**なんといっても「ながら」が一番。**

「運動するぞ！」って意気込んでやるんじゃなく、何かのついでにちょっとやる。

そうすればいつしか習慣になり、「気づいたら、毎日運動してた」ってなるんじゃないかしら。

私がいつもやっている「吉川流 ながらストレッチ」の具体的なやり方はこうです。

【テレビを見ながら】

①テレビを見ながら、ラクな姿勢で、片方の足首を持つ
②足首をぐるぐると右回りに30秒間、回す
③今度は、足首を左回りに30秒間、回す
④反対の足首でも②と③を行う
⑤最後に、両方の腕を大きく広げて背中を伸ばす。これを30秒間
※30秒がきつい人は、時間を短くしても大丈夫です。

足首を柔らかくすることは、歩く時の衝撃をやわらげ、膝や股関節、腰などへの負担を軽くする効果があります。

また、冷えやむくみの改善にもなるようですよ。

⑤

③

②

【料理をしながら】

①キッチンで料理をしながら、両足で10秒間、爪先立ち

②爪先立ちを戻して30秒間、休憩

③①と②を3回くり返す

④両手をどこかにつかまりながら、右足を真横に上げて5秒間我慢

⑤今度は、左足を真横に上げて5秒間、我慢

⑥上半身を限界まで10秒間、右に捻《ひね》ってみる

⑦今度は、上半身を限界まで10秒間、左に捻ってみる

このくらいなら、毎日でも気軽にできるでしょ。

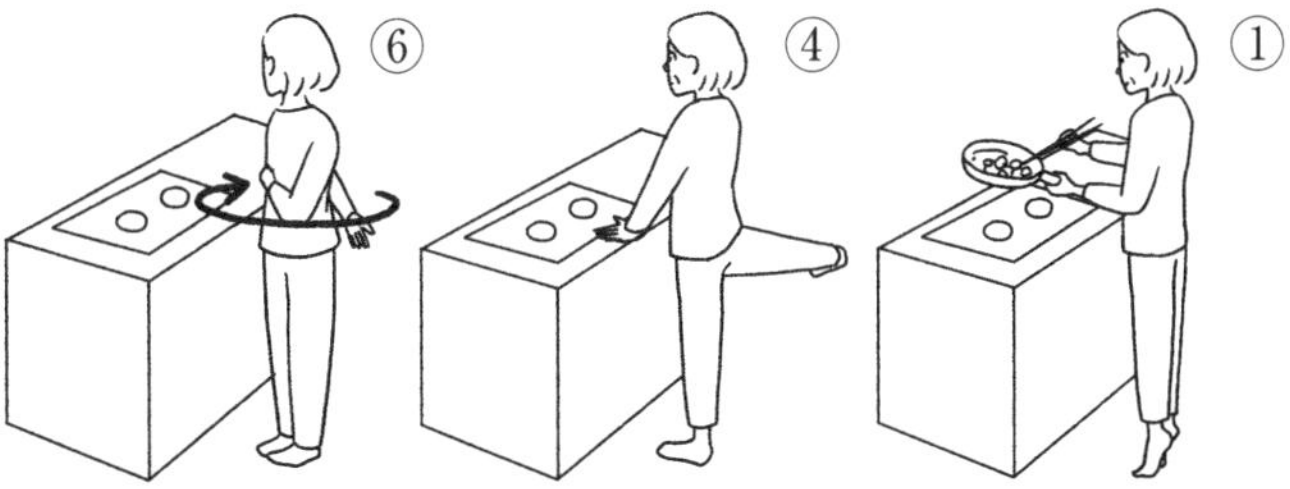

【寝ころがりながら】

転倒防止のためには、膝の運動が大事だと言われますけど、膝の上げ下げがしんどい場合は、寝たままやってもいいと思います。

やり方はこうです。

①あおむきになったまま、右膝と左膝を30秒間ずつ、上げ下げする
②自転車を漕ぐように、空中で両足を30秒間、グルグル回す

頑張りすぎず、負担をかけすぎずにやるのも、継続させるコツですよね。

ちょっとした運動でも毎日続ければ、筋肉はしなやかになります。

可動域が広がって、体が「スルメ」になるのを防げます。

①

②

筋肉や骨ともおしゃべりする

小さいことでも継続性があれば、大きな結果をもたらすことがあります。
ちょっとくじけそうな時、サボりたいなと思った時は、ウサギとカメの話を思い出してください。いくら能力が高くても、サボって昼寝していたウサギは、カメに追い越されてしまいましたね。

ゆっくりでもいい、少しずつでもいい、毎日、続けていくことが大切です。

私の実体験ですが、筋肉が柔らかくなってくると、なんだか気持ちがよくなって、ストレッチするのが楽しくなってくるんですよ。

私も、若い時は体がカチコチでした。

でも、このながらストレッチをするようになってもう50余年。

今では、開脚したまま上半身が床にぴったりつくくらいの体になりました。

あと、前章で「自分の体に話しかけて」という話をしましたけど、同じように**筋肉にも「しなやかになってね」「いつもありがとうね」って語りかけましょうね。**

「なんで曲がらないの！」「どうしてこんなに硬いのかしら！」なんて文句を言ったら、かえって硬くなってしまい、しなやかになるものもなりません。

そもそも筋肉も骨も、毎日私たちのために頑張ってくれています。

体を支えたり、柔軟に動いたり。

大動脈なんて、秒速約1メートルで走る血流のパイプになってくれているんです。

毎日毎日、すごいことをやってくれているんだってと思うと、手を合わせたくなりませんか。

だから、ストレッチする時は、筋肉や骨にも深く感謝を。

凝っていたり痛いところがあったりしたら、そこに優しく触れて、「血流をよくしようね」「今、ほぐしてあげるからね」って、声をかけながらやりましょう。

こういう細やかな心がけや習慣の積み重ねが、80になっても90になっても若々しい自分を作ってくれると思うんです。

ちなみに、**ストレッチは朝よりも、筋肉が温まっている夜がおすすめです。**

慣れてくると、前屈や開脚など、ちょっとむずかしいものに挑戦したくなるかもしれませんが、くれぐれも無理はなさらないでね。

ハードルを上げる時は、専門家の指導のもと行いましょう。

「大声ウォーキング」でストレス解消

健康を保つには、もちろん運動は大切です。

これはみなさんわかっているから、毎日早朝にウォーキングしたり、「1日1万歩!」なんて目標を定めて、体を動かそうとしていますよね。

それは、運動することが、筋力を高めたり、高血圧や動脈硬化を防いでくれたり、いい効果がいろいろあるからなんですけど、意外と見過ごされているのが、ストレス解消になるってこと。

運動って、じつはストレス解消に欠かせないものなんですよ。

小さい子どもって、ワーッと大声を出したり、全力で走ったり、暴れたりするでしょ。あれも一種のストレス解消だと思います。

小さい子どもの場合、頭であれこれ考えて、自分で悩みを消すなんてできないでしょ。だから、全身を動かして、ストレスを体から追い出しているんですよ。

ストレスって、頭で考えても消えにくいものです。ストレスが心にも体にも良くないことはわかっているけど、なくしたいと思ってもなくならないですよね。いい歳になると、何かツラいことがあっても、「私、平気よ、これくらい」と、澄ました顔で、なんてことない感じを装ったりしますけど……

それでストレスが消えたように見えても、一片の汚れが残って、きれいには消え切らない。

ストレスをスッキリと消すには、体を動かして発散するのが一番なんです。

例えば、歩くことや、走ることです。

実際、一定の動きをくり返す**ウォーキングやランニングなどをした時に分泌されるセロトニンという物質は、ストレス解消効果がある**そうですよ。

セロトニンをドバドバ出すおすすめの方法

ここで、私が秘密にしている日課を紹介したいと思います。

それは、歩いたり走ったりする時、大声を出すこと。ただ歩くだけではありません。

例えば、「うわー!」「バカヤロー!」って叫びながら歩くの。人が少ない早朝がおすすめです。**名づけて、「大声ウォーキング」**。

大きな声を出すのも、ストレス解消にとても役立ちます。これは、なんとなくイメージできるのではないでしょうか（もちろん、大声出して人の迷惑にならないように、場所は選んでくださいね）。

じつは、大声を出すこともセロトニンを出すことになるようです。

つまり、**大声ウォーキングをすれば、ストレス解消効果のあるセロトニンがドバドバ出るわけ！** やらない手はないですよね。

「路上で大声を出すのは、ちょっと……」という場合は、カラオケでもいいわよね。大声を出して、リズムをとって、楽しく歌って。

カラオケは運動ではないけれど、運動と同じような効果があるらしいです。それどころか、**「自律神経が整う」「脳が活性化する」「老化を食い止める」「認知症を予防する」**なんていう、私たちシニアが大喜びしちゃういいことが満載なようです。

運動が苦手な人は、カラオケを趣味にするといいんじゃないかしら。カラオケボックスに行かなくても、1日1分、歌ってみることから始めてみましょうよ。

60代や70代って、何かとストレスを抱えることが多いです。

健康の心配、お金の心配、家族の心配……。

体の衰えに落ち込んだり、友人知人の病気や死去にショックを受けたり、社会から取り残されたように思えて孤独を感じたり。

こういう心理から、じわじわストレスを溜めてしまうことも少なくないですよね。

ガーン！　とショックを受けるようなストレスも怖いけれど、気づかないうちに溜まるストレスも侮《あなど》れないものです。

徐々に溜まって心や体を硬くし、全身をスルメにしてしまいます。

そんな事態を防ぐためにも、常に体を動かして、大声出して、ストレスを追い出すことを習慣にしましょう。

歳に抗《あらが》いたかったら、まず鏡を見る

あなたは、一日何回、自分の姿を見ますか。いつ見るか、自分なりの決まりはありますか。

「もうこんな歳で、身なりや顔なんて、ほとんど気にしたことがない」

そんな答えもかえってきそうですが……

ダメダメ、**歳なんて関係ない！　毎日、自分チェックをしてくださいね。**

小さなことかもしれませんけど、小さなところを怠ることから、いろいろ崩壊しちゃうの。

なぜ、見たくもないものを見ることをおすすめするのか。

私は、**無意識が一番老化を促進させる**と思っているからです。

テレビに出ている芸能人を見てください。彼女たちがずっときれいなのは、一流のメイクをしてもらっているからとか、一流の服やアクセサリーで着飾っているからだけではありません。

常に、人から見られているから。そして、人から見られることを意識しているからです。

そうすると、ちょっとしたことが気になるようになります。

「あら、ちょっと、あごまわりがふっくらしたかしら?」

「今日は、ちょっと目の下にくまがあるかな?」

「天候のせいか、お肌につっぱりがあるな」

そんなことに気づきます。気づくと、気になって、どうにかしたくなります。

その「どうにかしたくなる気持ち」が大事なのです。


でも、気づかなかったら、どうしようもない。

だから私は、家の要所要所に、鏡を置いています。

玄関、リビング、トイレ、廊下……。

鏡に映った自分を見て、表情や様子をチェックするんです。


家の中に、自分の姿を意識せざるを得ない仕組みを作ってしまう、ということね。


鏡って、あるがままの姿を映し出すでしょ。

これは、見た目だけの話ではありません。

例えば、イライラしたり、落ち込んだりしていると、鏡にもそういう顔が映っちゃう。

そういう時、私は「顔、悪うなってるぞ」って、自分に言い聞かせるの。

そうやって鏡の自分に言い聞かせると、心に区切りがついて、気持ちが前向きに切り替わって、自然と体も元気になるんですよね。


ちなみに、**鏡を一番設置してほしいのが玄関**です。

玄関の鏡は、外から帰ってきた自分を真っ先に映します。

仕事で疲れていたり、イラついて荒っぽくなっていたりすると、そういう姿がそのまま現れます。

そういう自分を家に持ち込んでも、一つもいいことはありません。

だから、玄関の鏡にそんな自分が映ったら、そこで**心の汚れを払って、心をできるだけきれいに、真っ白にするの。**

「頭の中のつまらんものを、家にまで入れるなよ」って、自分を自然体に戻してから、家の中に入るようにするんです。

健康で若々しい自分でいるには、そうやって鏡でチェックして、自分を正す習慣をつけることが欠かせないと思っています。

鏡を見て、「笑顔上手」になる

もっと言うと、鏡を見たら笑顔を作るようにするといいです。

鏡の自分を見た瞬間に、ニコッと笑えるようになれたら、大したもんです。

瞬時に微笑むことができるってことは、いつ、どこで、誰に対しても、即座ににこやかに微笑みを向けられるってことですからね。

さらに言うと、イライラした顔、怒った顔は、表情を老けさせます！　思い浮かべてください。不機嫌そうな人と、笑顔にあふれる人、印象が全然違いますよね。

目があった瞬間に笑顔を向けられたら、誰だっていい気分になります。

相手のことを「いい人だな」「素敵な人だな」と思います。

笑顔一つで印象が良くなって、あなたの価値が瞬時に上がります。

これ、全て瞬間の勝負。自分の価値を上げるも下げるも、瞬間が大事ってこと。オリンピック選手なんかもそうだけど、瞬時に勝負できる人というのはやはり強いものよね。


笑顔に限らず、**大事なものというのは、「瞬間」に現れる**ものです。

その瞬間、物事にどう反応するか、どんな表情や態度を示すか。

瞬間にこそ、その人の生き様や心根が、パッと出るものだと思います。

だからこそ、日ごろから鏡で自分をチェックしていただきたいの。

瞬時にいい反応ができる自分になっていただきたいんです。


歳をとると、何事もスローになります。

「瞬時に反応するなんて、無理」って思うかもしれません。

でも、できるだけ、まずはやってみることが大事です。そうするうちに、思いもよらないアクシデントが起きた時にも、すぐ慌てたりうろたえたりすることもなくなっていくと思うの。


慌てず焦らず、ドーンと構えて歳を重ねるためにも、自分に**「毎日がオリンピック！」**と言い聞かせ、「瞬間勝負！」という気持ちを忘れないようにしたいものですね。

そういうことを、いちいち思い出させてくれるのが鏡という存在です。

今日という日が、あなたにとって、人生で一番若い日だから。

そんな自分を目に留めながら、生きていきましょうよ。

美肌のコツは「お肌をお嬢ちゃんにしない」こと

「黒髪を保つ秘訣はなんですか？」「お肌のケアはどうされているんですか？」、そんな質問をよく受けます。

88歳の私に、そんなことを聞いてくれるのはとても有難いのですけど、人に教えられるようなことは何もしていないの。化粧水や乳液も、特別なものは使用していません。

でも、思い出してほしいのです。そもそも皮膚には、防御機能が備わってます。

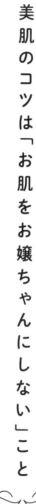

特別なお手入れをしなくても、健康な状態を保ちさえすれば、皮膚そのものが持つ防御機能が働いて、トラブルから守ってくれるはずです。

栄養クリームなんかを塗って、多少肌の調子が良くなることもあるでしょうけど、外から何かを与えても、中身が不健康だと、また何かしらトラブルが起きてしまいます。

結局、美肌を保つには、内側からきれいにすることが何より重要ってことですね。

もちろん、日焼けや乾燥を防いだり、最低限のケアは必要です。

でも、それ以上にあれこれ与えたら、かえって肌を甘やかすことになってしまいます。

それが常態化したら、あなたのお肌は、特別なものをもらえなければ衰えてしまうような、弱々しい肌になってしまうと思いませんか。

要するに、**お肌も体も、至れり尽くせりの「お坊ちゃん、お嬢ちゃん」にしちゃ**

いけないの。自力で強くなれるよう、お世話はほどほどにしないとダメ。
人間の子育てだって、そうじゃないですか。

シワやシミとだって、仲良くする

若さを保つために、顔をいじったり注射したりという話も聞きますけど、そんな自然に反するようなことをするのは、私はよくないと思います。

しばらくはよくても、また手当てしなければならなくなって、顔に負担がかかって、肌が弱っていってしまうでしょ。

そんなことになったら、若々しくなるどころか、むしろ老化を進めることになるんじゃないかしら。


年々シワが増えて、肌のみずみずしさが失われて、鏡を見るたびに「老けたなあ」ってため息をつきたくなる気持ちも、わからなくはないです。
少しでも若くありたいと、アンチエイジングをうたった商品に飛びつきたくなるのも人情だと思います。

でも、**シワが増えたりシミが増えたりするのは、人間であれば自然なこと。**
必要以上に抗って、栄養クリームだの、整形だのと、自分以外の力に頼るのは、結局どこかで限界がきます。

もしも、頼っていたものに頼れなくなったら……それこそ肌は激変します。
そんな恐怖に怯《おび》えるくらいなら、最初から余計なものは入れず、内側から整えて、自らの肌が持つ力を引き出すよう努力するほうがいいじゃないですか。

肌本来の力を引き出すには、何よりまず汚れを落とすことが肝心です。

メイクを落として、石鹸で汚れを落として。

体だって、お風呂で洗って汚れを落とすのが基本でしょ。


顔でも、体でも、心でも、汚れを取ってこそ、きれいになります。

汚れが残ったまま何かしても、きれいな仕上がりにはなりません。

鉛筆で描いたものを消しゴムで消すのと一緒で、まずはゴシゴシ汚れを拭《ぬぐ》う。


汚れが取れればスッキリして、肌も喜んで、輝くような表情になります。

もちろん、心も同じこと。

心をスッキリきれいにする、自分なりの「心の消しゴム」「心のクレンジング」を持つようにしたいですね。

顔はお客様をお迎えする玄関

美しい肌を保つには、「余計なものを入れないほうがいい」って言いましたけど、
これ、「化粧もせず、スッピンがいい」という意味じゃありませんよ。
歳をとると「化粧なんて面倒臭い」「きれいにしたって誰が見るわけでもなし」と、
手抜きしちゃう人もいますけど、こういうのは絶対ダメ。

考えてみて。そもそも顔って、なんのためにあると思いますか。

自分の顔は、鏡を通して見ることはできるけど、実物を見ることは一生ない。

そう考えたら、**顔というのは人に見せるためのもの**って言えますね。

それを「面倒臭い」「誰が見るわけじゃなし」って、独りよがりな考えで手を抜くのは、

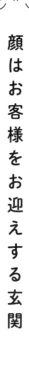

あまりにも横着ってもんです。

おうちで言ったら、顔は玄関のようなものなの。

お客様をお迎えする時、みなさん玄関をきれいにするでしょう。

お花の一本でも飾るでしょ。

いつ、誰が来てもいいようにって、玄関は多少なりとも整えておくものじゃないですか。

化粧するというのも、これと同じなんです。

80歳過ぎたって、人目を気にしよう

化粧だけでなく、身に着けるものについても同じよね。

シニアの服装を見てると、茶色とか灰色とか、地味でくすんだ色合いの洋服を着て

いる人が多いけど、これもおすすめできません。

色って、思う以上に、人の印象を左右するものなんですよ。


茶色や灰色がダメってわけじゃないのよ。

そういう色を着るなら、その色を生かすような工夫をしたいですね。

例えば、灰色のニットに、ピンクのブラウスやスカーフを合わせる。

ものが燃え終わった「灰色」と、これから芽吹く「ピンク」を組み合わせる。

こういう相反するような色の組み合わせって、互いを中和したり補ったりして美しく見えるんです。


もちろん、好みで赤を合わせたっていいです。

大事なのは、人目にどう映るかを考えること。

洋服っていうのは、相対する人の心をどれだけ掴《つか》めるかが大事じゃないですか。

184ページで「一瞬が大事」と言いましたけど、洋服なんかも、まさにそう。

会った瞬間、一瞬で相手の目に入って、自分の印象をパッと決められちゃう。

そこで印象に残らなかったら、中身がいくら良くても、存在感はゼロ。

ちょっと工夫すれば、その一瞬をものにして、自分をいくらもよく見せられるのに、それをしなかったら……もったいないこと、この上ないじゃないですか。


私は、**「一瞬の蹴落としはされぬように」って、いつも自分に言い聞かせてるの。**

自分の印象を相手に残せるかどうかは、一瞬で決まってしまうものだから。

こういうことを頭の片隅に置いて人と会ったりすると、自ずと他人の記憶に残る自分になって、一目置かれることも多くなるんですよ。


何も、見栄を張ったり、派手に演出するのがいいということじゃないのよ。

人目を気にして、注目されなさいって言いたいわけでもないの。**化粧も洋服も、人とつながるためのコミュニケーションだ**ってことなんです。

自分の姿が相手にどう映るか考えることは、「気遣い」です。

他人と共有できるものを多く持つということです。

「自分さえ良ければいい」という気持ちでいるより、互いに共有できるものを一つでも多く持とうとするほうが、人生幸せに生きられるんじゃないでしょうか。

乾燥は大敵！ デリケートゾーンケアの大切さ

歳をとると体中の水分が不足して、全身が乾燥しがちになりますよね。

口が乾いてしょうがなかったり、ドライアイ気味で目薬が欠かせなかったり、お肌がカサカサして痒《かゆ》かったり、痛かったり。

特に女性の場合、更年期を境に、デリケートゾーンの乾燥に悩まされるようになったという人も少なくないんじゃないかしら。

私は、この分野の研究をかなりしてきたので、あなたのお悩みに答えられる知識と経験を持っていると思います。

女性は閉経すると、エストロゲンという女性ホルモンの分泌が低下します。

エストロゲンは、皮膚や粘膜の潤《うるお》いを保つ働きがあるため、閉経によってエストロゲンが減ると、全身が乾燥しやすくなってしまいます。

そのまま放っておくと、どんどん乾燥が進んでしまうわけね。

では、どうしたらいいか。

私がぜひおすすめしたいのが、デリケートゾーン（膣《ちつ》）のケア。

デリケートゾーンのお手入れをすると、膣に潤いをもたらすことはもちろん、美肌効果や髪を美しくする効果があったり、全身のアンチエイジングにもつながるんです。

潤いをもたらす元は、膣内の「デーデルライン桿菌《かんきん》」という常在菌です。

デーデルライン桿菌は乳酸菌の一種で、膣内の水分や粘性を増やします。乾燥や汚れや細菌から女性器を守ってくれます。

エストロゲンの分泌が減ると、デーデルライン桿菌も減ってしまうのですが、デリケートゾーンケアによって補うことができます。

ケアすることで排尿トラブル、乾燥と痒みなどが改善します。

そもそも**女性器って、女性にとってとても大切なところなのに、「きれいにする」「お手入れする」という意識が希薄じゃないですか。**

普通、目でも鼻でも口でも、汚れたら水や専用の汚れ落としでパパッと洗い落とすわよね。歯だって歯磨きしてきれいにするし、体だってお風呂に入って丁寧に汚れを落としますよね。

なのに女性器は、ケアはおろか、汚れをきちんと落とすことさえ後回し。

汚れが残ってきれいな状態が保たれなかったら、女性器だって当然元気を失います。乾燥も進むし、病気にもかかりやすくなります。

健康を守るために、手洗いやうがいが必要なように、膣もきれいに、清潔に保つことが大事なんです。

女性に大切な二つの袋

もちろんみなさん、シャワーなどで陰部を洗っていると思います。

でも膣内や膣まわりは、石鹸をつけてゴシゴシ洗うわけにいきません。

そんなことをしたら、自浄作用が落ちて細菌に感染しやすくなってしまいます。


膣をきれいにするには、単にお風呂で洗い流すのではなく、しかるべきケアによって清潔にしなければならないわけです。


しかるべきケアとは。

海外では、専用のオイルや弱酸性のソープを使用するのが当たり前ですが、最近は日本のドラッグストアでも手に入るようです。

また、専用のものを使わない場合でも、石けんやボディーソープを直接つけるのではなく、よく泡立ててから使用するといいと思います。


「閉経したら、女性器なんてどうでもいい」

「この歳になって、デリケートゾーンケアなんて恥ずかしい」

そう思う人もいるかもしれないけど、それは浅はか、とんでもないことです。


考えてみてください。

膣や子宮というのは、子どもを授かる場所です。命の製造元です。

そんな、人間にとって重要な部分を、ケアしなくていいはずがない。

私がデリケートゾーンケアに興味を持ったのも、これが理由です。


女性には、生きていくのに欠かせない「二つの袋」がある。

一つは、食べたものを入れる胃袋。もう一つは、命を育む子宮。

私は、胃袋については、食べ物を介して常に向き合ってきたけれど、かたや子宮はそうでもなかった。

女性に生まれて、子どもも産んだのに、ろくに向き合わずにきてしまった。

そこに気づいた時、初めて女性器のことをもっと知りたい、勉強しなければいけないと思ったんですね。


デリケートゾーンケアは、気長に行うものです。

すぐに顕著な効果が現れるわけではなく、根気が求められる作業です。

でも女性が末長く健康に過ごすのに、とても重要と言って間違いありません。


このことを、ぜひみなさんに知ってほしい。恥ずかしがったり、面倒がったりせず、デリケートゾーンケアに興味を持ってほしいんです。

どうかくれぐれも、**「命の手抜き」はしないでくださいね。**

「濡れないのは歳のせい」じゃない

デリケートゾーンの乾燥については、みなさん「この歳になったら、潤わないのが当たり前」と思っているかもしれません。

濡れるのは若いうち、年寄りなんだから濡れるわけがない。

そう考えて、デリケートゾーンの乾燥に無関心な人もいるでしょう。

でも、それは大きな誤解。

デリケートゾーンは、いくつになっても潤いを保てるものです。

酸っぱいものを見て、口の中にジュワッと唾液が湧くように、膣も愛する異性とのスキンシップなどによって濡れるのが普通です。

若い時ほど濡れなくなった、ということはあるでしょうけど、適切なケアを心がけていれば、潤いは保てるんです。

濡れないとしたら、それはおそらく別に原因があるんです。

例えば、稼ぎの悪い夫が嫌い。触られるのもイヤ。

自分のために何もしてくれない。そんな夫を愛するなんて無理。

夫やパートナーに対して、そんな気持ちがないですか。

こんなふうに理屈で考えてたら、濡れなくなって当たり前。

セックスというのは、理屈じゃなく、本能でするものだから。

「お金をくれるからする」「あれこれしてくれるからする」なんて考えて、脳みそでセックスしようとしたら、濡れるものも濡れなくなってきます。
お金をくれないとか見返りがないとか、そういう人は欲でセックスしているのよね。
欲ありきでする人って結構たくさんいますけど、そんなのダメ。
セックスっていうのは、欲じゃなく心でするの。
心じゃなく欲でしようとするから、「濡れない」ってことになっちゃうのよ。
中には、セックスを「楽しむためのもの」だと思ってらっしゃる人もいますけど、
それもとんでもない勘違いです。
そもそもセックスは、「人間を作る行為」なのよ。
セックスっていうのは、本当はそのくらいすごいものなの。
だから、もっと崇高なものだと思ってほしいです。

単なる快楽だと、軽く見てほしくないんです。

最近は、若い人の間でもセックスレスが増えているそうだけど、これは極めて深刻なことです。

好きで一緒になったはずなのに、セックスできない。心も体もその気になれない。

あるいは、その気になったとしても、濡れなくて、痛くて、できない。

こういう人が増えたら、授かる子どもも減って、それこそ人類破滅じゃないですか。

セックスや性のことというのは、俗でいやらしいものだって思われてますね。

でも、本当は命に関わる大切なものだということを忘れないでいただきたいの。

恥ずかしがらずに、時には真正面から向き合う機会を持ってみてくださいね。

女は頭より「お尻」が大事

デリケートゾーンやセックスの不調を調《ととの》えるには、「冷え」をとることも大事です。

女性ホルモンや自律神経のバランスが崩れると、血の巡りが悪くなって膣にも悪影響が出ます。冷えて動きが悪くなり、潤いも減って乾燥しがちになります。

このような状態を改善するには、**デリケートゾーンそのものをじっくり温める**といいと思います。

私のおすすめは、部分浴。**洗面器にお湯を汲んで、その中にお尻を入れて、さらにシャワーから熱めのお湯を入れ続ける**んです。

最低3分、できれば5分やると、デリケートゾーンがよく温まります。

よりよく温めたい人は、洗面器は浅いものでなく深いものをおすすめします。浅いと床面に近くなって、温め効果が下がってしまうので、銭湯の湯桶のような深くて、お湯をたっぷり入れられるものがいいです。およそ、高さは10センチちょっと程度のものが多いと思います（ただし、滑ったりして転倒などしないように、注意してくださいね。風呂場は高齢者の事故がかなり多いので）。

私は、入浴はシャワーだけで済ませてしまうことが多いんですけど、部分浴だけは毎回欠かさずにやるようにしています。

これを続けると血行が良くなって、お肌の調子も良くなるんですよ。

全身、湯船に浸かるのも冷えとりにはいいんでしょうけど、部分浴は心臓への負担が少なく、体力の消耗も少ないので、私たちシニアにはぴったりの入浴法なのです。

ちなみに、部分的な温め効果は、デリケートゾーンに限りません。

腰が痛むなら腰、肩が痛むなら肩といった具合に、不調のある箇所をシャワーで集中的に温めるといいです。

例えば、風邪をひいて鼻の調子が悪い時、そこを蒸しタオルなんかを当てて温めると鼻通りがよくなったりするでしょ。

これと一緒で、**不調があるところは、部分的に温めて冷えをとるのがおすすめ**です。

お尻を湯桶に突っ込んで温める。

じつは、これも、母からもらった知恵なの。

「冷え」をとるには、とにかくお尻を冷やさない

朝起きて、ちょっと熱めのお湯を湯桶に汲んで、私のパンツを脱がせて、お尻をドボンと入れさせる。

嫌がる私を頭からギュッと押さえて、「1分だ、1分くらいなんとかなる。1分ぐらいなら、おまはんなんとかかせげるだろう」「女は学校の勉強より尻が大事だ！」って言いながら、真っ赤になるまで私のお尻を温めさせるの。

当時は「なんで朝っぱらからこんなこと！」って、意味がわからなかったけど、あの朝の習慣がどれほど私の健康を作ってくれたか、今振り返るとよくわかります。

女性にとって、そのくらいお尻は大事。お尻を冷やさないことが大事。

母は、その重要性をよくわかっていたのね。

何しろ母は、13人もの子どもを産んだから。
そんなにたくさん産んだっていうことは、かなり子宮が強かったということ。
なぜ、そんなに強い子宮でいられたかって言ったら、やっぱりお尻を冷やさないように、温めを忘れないようにしてたことが大きかったんじゃないかと思うんですよ。

どこかで習ったわけじゃなく、きっと母は、自らの出産や子育てを通して、その大切さを、女は子宮が丈夫でないといけないってことを知ったのね。
で、そのことを娘にも身をもって教えようとしてくれた。

今、この歳になっても元気で、大きな不調もなく過ごせるのは、母のあの**「勉強よりお尻が大事」**のおかげじゃないかと、しみじみ思うのね。

この教えや経験を、私もみなさんと共有できたらと思うんです。

お尻が真っ赤になるほどやる必要はないかもしれませんけど、みなさんの健康を守るために、「女はお尻が大事」をどうぞ実践してくださいね。

第5章

80歳からの
人づきあいは、
付かず離れず

一人でも「自分を支えられる人」になる

80歳にもなると、「自分の心や体も変わったなあ」「衰えたなあ」と思うことがたくさんあると思いますが、自分のまわりの状況も変わってきていることでしょう。

親しくしていた友人の何人かは、亡くなっているかもしれません。連れ合いも、亡くなっていたり、なんらかの病気を抱えていたりしているかもしれません。子どもも独立したりして……

要するに、ふと、「さみしいな」と感じる機会が増えてくるのです。

でも、これは仕方のないこと、とあきらめていませんか。

そんな人は、なぜさみしいかを、ちょっと考えてみましょう。

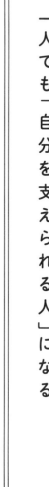

「お茶友だちが入院してしまった。もう誰も、私とお茶を飲んでくれない」
「正月、盆くらいしか、子どもが家に寄りつかなくなった」

これ、よく考えると、全部「受け身」の考え方ではないでしょうか。

仲良しの友だちが入院したなら、会いに行けばいい。
子どもが家に寄りつかないなら、自分から電話すればいい。SNSで繋がることだってできる。

体が思うように動かない、だから自分は家にいるしかない……。

そうかもしれません。でも、「さみしい」という気持ちは「会いたい」と思う気持ちの裏返し。そういう気持ちを放置しておくのはよくありません。自分からアクションを起こしましょう。

気持ちが「上がる」ものを見つけてみる

年齢を重ねて、若さや体力は失ったかもしれないですが、得たものもあります。それが時間です。**若い時よりも、きっと時間はあるんじゃないですか。**

その時間を使って、気持ちが満たされるような方法を考えてみましょうよ。

「ずっと家に一人でいる人は孤独」

「家族や友だちと会えないのはつまらない」

そうでしょうか。**一人だって、一人の生活を充実させている人はいっぱいいます。**

いっそのこと、自分の中の、凝り固まった常識を少し変えてみるのもいいと思います。

なぜ満たされないのかといったら、おそらく**自分で自分を楽しませる術《すべ》を持っていないからだと思うの。**

誰か人を頼らなければ、自分で自分の機嫌を取ることもできない。さみしいと思う自分を、どう癒《いや》したらいいかわからない。

要するに、自分で自分を支えられない、「自分のために生きる術」を身につけていないということだと思うのね。

人に依存し過ぎないようになるには、何か一つ、自分が喜んで打ち込めるものを見つけることです。

人に頼らなくても、自分を楽しませられるものです。

「自分は、ずっと家族のために生きてきた。だから自分のために生きる術を、自分を楽しませるものを持てと言われても、想像がつかない」

そういう人もいるでしょうけれど、自分のために生きる術を見つけられなかったら、これから先も家族や周囲に寄りかかり、人生を他人に依存して生きることになってしまいます。

衰えていく自分を持て余して、やれ「腰が痛い、足が痛い」のと周囲にグチを言い、「生きていたってロクなことがない」とこぼすだけの人生になっちゃう。

そんな人生が、この先10年、20年、30年と続くと思ったら、もうゾッとするじゃないですか。

かつては60年くらいだった人生が、今では90歳、100歳まで生きられるんです。**30年近くも余分な時間をいただいているんです。**

そこに感謝して、精一杯生きていくことを、一緒に考えましょうよ。

そのためにはまず、心から楽しめること、笑っちゃうことを見つけましょう。

「ああ、楽しい」って思えると、「今日もいい日でよかった」「明日もいい日でありますように」って、自然と感謝の気持ちが湧いてくるから。

なかなか見つけられない場合は、**「あなたが喜ぶものは何？」って、自分で自分に問いかけてみるといい**と思います。


なんでもいいの。本当にちょっとしたことでいいのよ。好きなドラマを見てワクワクするとか、お笑い番組を見て大笑いするとか、これくらいのことなら、いろいろ出てくるんじゃないかしら。

私もよく、ビデオに撮り溜めたドリフターズの番組なんかを見て、一人でゲラゲラ笑い転げてます。

バカバカしいし、くだらないんですけど、見ていると「世の中にこんなに面白いものがあるのか！」って元気が出ます。なんだか力が湧いてきます。

心に力が湧くと、身の回りに目が向いて、何かしてみようって気になります。

興味の赴《おもむ》くまま、外に出て、頭や手足を動かしたくなるものです。

心が上がると、行動も変わってくるということなんでしょうね。

人生100年時代を生き抜く転ばぬ先の杖として、「自分のために生きる術」を、焦らずじっくり探していきましょう。

グチをこぼして過ごすより、自分から働きかけよう

高齢になると、何かと家族の世話になったり、子どもに相談したりする機会も増えますね。

通院をサポートしてもらったり、身の回りの整理に力を借りたり。

終《つい》の住処《すみか》をどうするか、老人ホームに入るかどうかで話し合ったり。

70代前後ともなれば「老いては子に従え」で、うまくやっていく人が多いんでしょうけど、中には親子間でギクシャクして、どうもうまくいかない、ソリが合わないという人もいますよね。


70歳、80歳は、どんなふうに家族と関わったらいいのでしょうか。


自分は仲良くやっていきたいけれど、子や孫が寄りつかない。

子の連れ合いと性格が合わず、わが子や孫と疎遠になってしまった。

そのせいで寂しい思いをしている、という人も少なくないと思います。

そういう気持ち、よくわかります。

そんな気持ちを感じたことが、じつは私にもありました。

私は仕事一辺倒で、家族とほとんど交流してこなかったから。

一緒に働いていた息子とは、毎日のように顔を合わせてましたけど、親子というより社長と社員の関係だったし、嫁や孫とも、忙しさにかまけてろくに話もしてこなかった。

おまけに私の場合、息子が突然、天に旅立ってしまったから、嫁や孫とは、さらにどう接したらいいかわからなくなっちゃった時期がありました。

自分の会社の社員なら、言いたいことも言えるんだけど、**嫁や孫となると、どうも遠慮が出て、言いたいことが言えなくなっちゃう。**

で、そうこうするうち溝ができて、顔を合わせる回数も減って、なんだかさみしくなって。「孫にも会えない」って、ちょっとこぼしたくなったりして。

でもそこで、誰が悪いのと文句を言うのは間違いだなと思ったの。

本当は仲良くしたいのに、「向こうから会いにくるのがスジだ」なんて強がったり、意地を張ったりするのもよくない。

だって、それで意固地《いこじ》になっても、グチをこぼしても、何も解決はしないのです。かえって、心はよりさみしい方向に、貧しい方向に行ってしまいます。

そんな時は、**こちらから「どうしてる？」「元気でやってる？」って、気持ちを素直に伝えることが大事だと気づきました。**不安や不満というのは、どうしても外側に向けて放ってしまいがちだから。

「相手が連絡もしてこない」という不満を、「嫁や孫がいて、連絡できる相手がいるだけでもありがたい」って、感謝に変えていかないといけないと思うの。
これは一例ですので、「マイナスの感情をプラスに置き換える」というイメージを持ってください。負の感情は、心にとどめたままにしても、いいことはありません。

イメージとしては、こんな感じの心持ちでいればいいのです。

自分の不満（相手が自分の要望を満たしてくれない）
>
相手への気持ち（会いたい、話したいと思う感情）

身内であっても、気遣いと感謝の念を持つ

先に述べたことでもありますが、「さみしい」という気持ちは「会いたい」と、相

手を求める気持ちの裏返し。

もちろん、疎遠な相手に、こちらから連絡するのは気が引けます。連絡しても、相手が素っ気ない対応をすることもあるかもしれないし。だけど、「相手のほうから連絡してほしい」「手土産の一つも持って訪ねてほしい」と思うのは、やはり身勝手というものじゃないかしら。

若い人が、自分から年寄りを楽しませたい、喜ばせたいと思うなんて、そもそもありえない話なんだと思っておくくらいが、ちょうどいいです。

ありえないものを求めたら、かえって苦しくなるだけでしょ。

これまで何くれとなく子や孫の世話をしてきた、仲良く交流してきたというなら、話はまた別ですよ。

そういう関係性があるのなら、向こうも「おじいちゃん、おばあちゃんと仲良くしよう」「こちらから連絡してサービスしよう」という気持ちにもなるでしょう。

もしも、自分でそういう関係性を作ってきたつもりでも、実際に向こうから訪ねてきてくれるわけでないなら……何かの行き違いで、うまくいかなかったのでしょう。

一旦そう受け止めて、これからどう仲良くしていくかを考えるべきよね。

「どうして身内に対して、そんなに気を遣《つか》わなきゃいけないの？」って思う人もいるでしょうけど、たとえ身内であっても、気遣いや感謝を持って接するのが肝要かと思います。

私は今では、お嫁さんには、こちらから気軽に連絡をするようにしてます。

時間を作っては電話したり、ちょっとした手土産を持参して近況を聞いたり。
こちらがそんな接し方をすると、相手も心を開いてくれるものです。

御位牌を作ってもらえるだけで儲けもの

シニアライフの人間関係を充実させるために、自分から働きかけることの大切さをお伝えしましたけど、子どもや孫に必要以上におもねる必要はないですよ。バランスが大事！

「老後の世話になるから」「声をかけてもらわないとさみしいから」って、お金でも家でも、ほしいものを子どもに与えてしまう人もいますけど、こちらの立場が弱くなるほど与えるのは考えものです。

そんなことしたら、精神的に不自由になって身動きが取れなくなってしまうし、相手にも要らぬ負担をかけたりするかもしれません。

だから、**何かをあげる場合は、相手に負担や不満を感じさせない程度に、こちらができる範囲でやってあげる。**

もしも、それ以上求められるようなら、ピシャリと歯止めをかけることも大事だと思います。

お互いにいい距離感を保つには、言葉で感謝や気持ちを伝えつつも、「でも、言うなりにはならないよ」って、毅然《きぜん》とした態度も示す。

これは、孫に対しても言えることね。

孫に慕《した》われたくて、お祝いでもなんでもないのに、ついついお小遣いをあげる人いませんか。**そういうことをくり返していたら、あなたは孫にとってのATMになっちゃいます。**孫があなたに会いにくる理由＝お金をもらうため、という関係になってしまいます。

サンタクロースは、年に一回しかやってこないから、ありがたいのです。毎週やってきて、ほしいものをどんどんくれたら、次第にその有難さは薄れていくでしょう。それと同じです。そうなったらあげるほうもさみしいし、与えられる孫にもいい影響を及ぼさない。

何かをあげたいなら、お金ではなく美味しいものを作って持っていく、真心からの贈り物をする。**そして、見返りを期待する気持ちは捨てましょう。**

世の中には、モノやサービスがあふれかえっています。

あれがほしい、これがほしいと、孫におねだりをされることも多いと思います。

あそこに連れて行け、ここに連れて行けとせがまれて、さして行きたくもない場所に足を運ばされることもあるでしょう。


でも、無理して合わせなくてもいいんです。


孫を喜ばせたいだけで、自分が行きたくない場所に無理していく必要なんかない。

なんでも受け入れるのが「いい年寄り」みたいな風潮もありますけど、それは違うかなって。


私だって、正直、孫とは話なんか合わないし、一緒に遊んでもくたびれちゃう。

だけど、やっぱり可愛いし、とても大事。居てくれるだけで、嬉しい。

その気持ちがあれば十分じゃないかって思うのね。

体が衰えてくると、不安になって、子や孫のご機嫌をとっておこうと、つい思ってしまうのかもしれません。

でも、人に頼りすぎて自分自身をないがしろにするのは、自分の尊厳を踏みにじるのと同じこと。**将来への不安のせいで、今生きている自分を大事にできないなんて、そんなことあってはいけません。**

子や孫は、頼るものじゃなく、居てくれるだけでありがたい存在。

もしも私が、どこかで野垂れ死にしても、亡骸《なきがら》を葬ってくれて、御位牌《ごいはい》を作ってくれる。

ご先祖様の元へ送り出してくれる。

私はもうそれだけで、十分大役を果たしてくれたものと思っています。

「揉め事のタネ」を遺さない

家族をあてにせず、自分のために生きる術を持つことは、「お金の過ち」を防ぐことにもつながります。

ほかならぬ家族のためだからと、お金をどんどん使ってしまったり、何かというとすぐにお金を渡してしまったり……財布のひもは緩みがちですよね。

最近は、「相続」が「争続」になるという話もよく聞きます。

親のお金をめぐって、血を分けた兄弟が骨肉の争いを繰り広げるケースもしばしばです。

手塩にかけて育てた子どもたちが、自分のお金を狙っていざこざを起こすなんて、情けなくて考えたくもないですけど、残念ながらそういう現実があるのも事実です。そう考えたら、お金のことは情抜きで、正しい判断のもと、自分でしっかり手綱《たづな》を取るに限りますよね。

理想を言えば、**元気なうちに遺言書を作っておくといい**と思います。病気になったり、入院したりしてからだと、そういうことに気が回らないとか、気力が湧いてこないということもあるでしょうから、健康なうちに作って、子どもたちにも示しておく。

遺せるものの多い少ないにかかわらず、きちんと準備しておくと安心です。

「何億、何千万と資産があるわけじゃなし、残った者たちで適当に分ければいい」という人もいるかもしれません。

けど、そういう人ほど、自分の気持ちを書き記しておいたほうがいいと思います。
なぜかと言うと、**余裕がない人ほどお金で揉《も》める**とよく言われるから。

なんでもそうだけど、余裕があると、何かを争ってまで手に入れようとは思わないわよね。お腹がいっぱいなら、目の前にご馳走があっても「自分は結構です」と言えるけど、何十時間も空腹が続いていたところに一つのおにぎりを出されたら……必死に食らいつこうとするわよね。

同じように、お金に余裕がないと、少しでも得をしようと、しゃかりきになる場合があります。
その結果、それほど多くもない親の遺産をめぐって、壮絶に争うというケースが出てくるんだと思うの（もちろん、お金に余裕がある人でも揉めることがありますが）。

「わざわざ書面に書くなんて」と抵抗を感じる人は、まずは、口頭で話すだけでもいいと思います。

「こういうふうに考えているからね」って、日頃から遺産についての考えを伝えておく。そうやって意思を共有しておくだけでも、要らぬトラブルを回避することにつながるんじゃないかしら。

また、やったほうがいいのはわかるけど、そうは言っても、なかなか気が向かない。そんな人もいるかもしれません。

でも、**終わりを考えることは、今という時間を輝かせることにもつながる**、としたらどうでしょう。終わりがあるからこそ、今生きていることへの有難さにも気づくのではないでしょうか。

さらに、家族で話す良い機会にもなるのではないでしょうか。何も、膝と膝を突き合わせて、神妙に話す必要はないです。ちょっとした普段の雑談の一つに、そういうネタがあってもいいと思うのです。

芸能人が亡くなったニュースが流れる、芸人さんのコントでお葬式のシーンが流れる、そんな時、さらっと「私が死んだ時には、こうしてほしい」「こういうのはイヤだなぁ」なんて言うくらいでもいいです。

そういうのが、あとになって、家族の人の中には残っていたりしますから。

ご自身の親御さんが生前に話していたことも、そうやって思い出せたりすること、ないでしょうか。同じです。

家族だからこそ、口に出して伝えておく

伝えておくと言えば、**「延命」についても家族で話しておいたほうがいい**ですね。

胃ろうをつけるかつけないか、人工呼吸器はどうするか。

家族はもちろん、主治医にも伝えましょう。
私は、主治医の先生に「延命はしないでね」「苦しいことや痛いことはやめてね」とお願いしています。

ドナーカードなんてものもあるから、そういうので自分の意思を伝える方法もあるけど、「死ぬことなんて考えたくない」というのが人の心理です。特になんの対策もしてない人って、結構いるんじゃないかしら。

でも、いざという時、自分の思いを家族がくみ取れるとも限りません。
自分で動けないし、口も動かせない状態で、「もうラクにしてほしい」と思っているのに、家族は延命措置を望む。そんなの、お互い不幸です。悲しいじゃないですか。

まだまだ元気なうちに、残す言葉、気持ちは、伝えておくのがいいと思います。直接言わないと伝わらないことって、ありますから。**家族だからといって、「わかっている」と思うのは、危ういです。思うほど、人間って通じ合っていませんから。**

何も、重く受け止めることはないです。単に、あなたという人間を、もっとよく知ってもらう。歳をとった自分の気持ちを共有してもらう、わかってもらう、それくらいの心持ちでいいと思います。

ちなみに、一方通行では、話を受け止める側もつらいでしょうから、「じゃああなたは、どんなお葬式にしたいのよ?」みたいに、お子さん、お孫さんに話を聞いてみることも、コミュニケーションとしていいのではないでしょうか。

大事な人を失う前に、考えてほしいこと

あなたは、家族に対して、100パーセントの愛情を注げていますか。

家族との関係に、満足していますか。

家族でなくてもいいです。あなたが今、大切に思っている人に、その気持ちを伝えていますか。

ついつい目をそらしてしまっていることや、後悔を抱えつつも日々なんとなく過ごしていませんか。


ここまで、いろいろたいそうなことを言ってきましたけど、私、親としては人に偉そうなことは言えません。

ずっと仕事、仕事で、親らしいことも、温かい家庭を作る努力も、全然してこなかったから。

でも、そういう生活を送ってきたことを、私は息子を亡くしてとても悔いました。

たくさんお金を稼がなくては！　と、それなりにその一瞬一瞬を一生懸命生きてきましたが、まさか人生の後半において、これほどの後悔を生むとは考えてもいませんでした。

あなたには、そんな後悔をしてほしくない。そんな思いでこのお話をします。

ぜひ、家族だけじゃなくて、大事な人のことを考えながら、読んでもらえると嬉しいです。

遅すぎる気づきとならないように――私と息子のこと――

息子のことは大好き。目の中に入れても痛くないほど可愛い。

当然、そう思っていました。

でも、それをきちんと伝えられていたかは疑問だし、当の息子からしたら、とんでもない母親だったと思います。


だって私、**息子の小学校の通知表を一度も見たことがない**んです。

進路を決める大事な三者面談を、すっぽかしちゃったこともあります。

家で勉強している息子をつかまえて、「勉強は学校でするものだ！　家で勉強するなんて卑怯者のすることだ！」って、叱りつけたこともあります。

自分で言うのもなんですけど、へんてこりんな、どうしようもない親でしょう。


もちろん、遊び歩いて放っておいたわけじゃありません。

目が回るほど忙しくて、忙しくて、子育てまで手が回らなかったんです。

だけど、子どもからすれば、そんなの関係ないわよね。

きっとさみしい思いをしたろうし、恨《うら》み言の一つや二つも言いたかったろうし。

親が相手にしてくれないさびしさから、非行に走ったりしてもおかしくなかったかもしれません。


でも息子は、不良にも、贅沢三昧のドラ息子にもなることはありませんでした。

私にお金を無心することもなかったし、むしろ生真面目で質素でした。

私の求めに応じて30代で会社に入ってくるまで、ただの一度も自分から「お母さんのところで働かせてくれ」って、頼んできたこともなかったです。


息子は本当は、別の仕事をしたかったのかもしれません。

でも、そんな素振りは一度も見せず、会社のために身を粉《こ》にして働いてくれました。

専務にまでなり、私や社員のために全力を尽くしてくれました。
期待の何倍も何倍も、彼は力を発揮してくれたんです。

だけど、**私は息子が生きている間は、そのことをよくわかっていませんでした。**
彼がどれほど私や会社のために尽くしていたか、まるで理解できていなかったと言っても過言ではありません。

息子が亡くなったあとでわかったことに、こんなことがありました。
会社が傾くほどのピンチに見舞われた時、息子は私に黙って、死に物狂いで奔走して回り、会社が潰《つぶ》れないよう、陰でフォローしてくれていました。

でも、彼は途中でその大変さをグチることもなければ、事を収めるために自分がどれほど苦労したかも言いませんでした。

ピンチを招いた私の落ち度を責めもせず、「なんとかなったから大丈夫」と言うばかりで、詳細を知らせようとはしませんでした。

私に知らせたら、きっと困り果てて憔悴《しょうすい》する、心穏やかでいられなくなる、おそらく息子は、母である私をそんな目に遭わせたくなくて、自分でなんとかしようと処理をしてくれたのでしょう。

私はピンチを切り抜けて安堵するばかりでしたが、じつはその裏では、息子がとてつもない縁の下の力持ちをやってくれていたんです。

私は、息子の死後、このことを知った時、号泣しました。

何もわかっていなかった自分を責めました。

これほどまでに自分や会社を思ってくれていた息子の気持ちに、なぜ気づかなかったのか。これほどの才能や仁徳の持ち主を、なんと軽んじてしまっていたことか。

自分がやったことは、上等なシルクで雑巾掛けをするも同然。

なんて愚かなことをしてきたんだ、と。

私は、息子を失ってようやく、その存在の重みと、かけがえのなさを痛感したのです。

今すぐ大切な人に「大好き」を伝えよう

「大事なものは、なくしてみないとわからない」なんて、よく言われることですけど、本当に、その場面にならないと、人間は気づけないものだなと。

後悔してもしきれない、遅すぎる気づきでした。

私はいまだに、息子の突然の死を受け入れられずにいます。

息子が、今際《いまわ》の際《きわ》まで使っていた品々を見つめては、まるで時が止まったかのような日々を送っています。

何も要らないから、息子を返して。そんな気持ちでいっぱいです。

もっともっと、「お母さん」をするんだった。

息子と、もっとたくさん過ごして、もっとたくさん理解する努力をすればよかった。

でも、失ってからでは、もうすべてが遅いんです。

だから、今できることを、身近な人を理解する努力をしてほしいです。

私の場合は息子でしたけど、あなたの場合は愛する夫かもしれません。

血を分けた兄妹かもしれません。

毎週一緒にコーヒーを飲む、なんでも話せる友人かもしれませんね。

そんな彼らの、目に見える部分や言葉の奥にある、本当の心を知ってほしいです。

そのためには、あなたの大切な、大好きな人たちに、たくさん会ってください。そして、たくさん話をしてください。

たくさん話を聞いてください。

そして、そして、たくさん大好きだと伝えてください、一秒一秒を大切にして。

みなさんには、私のような後悔はしていただきたくないのです。

早速、今、頭に浮かんでいる人に、電話してみませんか。

明日、会いに行ってみませんか。

そうすることが、あなたの幸せを、さらに積み上げていくことにつながっていくことと信じています。

第6章

限りある人生を凛として生きていく

自分のご機嫌をとる二つの方法

これからの10年、20年、30年を充実して送るにはどうしたらいいか。
そのためには、なんと言っても、**自分で自分を楽しませること。**
不安や悩みを頭から消して、できるだけ機嫌よく過ごすことが大事。

これが、88年をご機嫌に過ごしてきた私が導き出した結論です。

歳をとると、外出して人とワイワイ楽しむ機会も少なくなります。
さみしくなったり、不安を感じたりしやすくなります。

シニアというのは、どうしても孤独になってしまいがちなんです。

だから、**楽しくいられるよう、自ら努力することが必要になってくる**わけですね。

努力と言うと、何かをものすごく頑張らなきゃいけないと思うかもしれませんが、そんなにエネルギーの要ることではありません。

簡単にできる、私のとっておきの方法をお教えしますね。

自分を楽しませる方法　その一

大好きなものを食べながら、大好きなドラマや映画のビデオを観る

シンプルですけど、手っ取り早く気分を上げるには、もうこれに限ると言っても過言じゃありません。

特に、大笑いできるものがおすすめです。

「笑い」は、私たちにいろんないい効果を与えてくれます。少し調べただけでも、これだけあります。

- 脳が活性化
- 血行促進
- 自律神経が整う
- 筋力アップ
- 幸福度アップ

それに、笑いは認知機能にも関わるようです。**ほぼ毎日笑う人と、ほとんど笑わない人とでは、後者は前者よりも1年後に認知機能が低下した人が3・6倍以上も**

あったという研究があるのです（大阪府立健康科学センター）。

前章でも言いましたけど、私にとって大事なお笑いは、ドリフターズ！　そして、『男はつらいよ』が、気分を上げてくれるものになっています。

あの、なんとも言えない無責任さがいいのよね。

腹を抱えて笑えるし、情があってホロリともなるし。

観ているうちに、いつの間にか沈んでいた気持ちが吹っ飛んじゃう。

息子を亡くした直後も、ドリフや寅さんにどれだけ救われたか知れません。

ちなみに、テレビを楽しむなら、少し大きめのサイズがいいですね。

画面が大きいと、引き込まれるように観ることができますから。

なんにも考えず、受け身になって、その世界に浸《ひた》れますから。

でも、わざわざ今のテレビを買い替えるのも大変ですから、自分からテレビに近づいて観たっていいと思うわ。

とりわけ、嫌なこと、忘れたいことがある場合は、**頭を使うことを一切やめて、自分のすべてをテレビに預けるようなつもりで観るといい**です。

悩みや嫌なことが脳みその外に追い出されて、自然と気持ちがラクになるはずです。

悩み事があると、あれこれ考えて解決しようとしますよね。

でも、悩みを知恵で消そうとすると、悩みの上に知恵が上塗りされて、頭の中が真っ黒になって、さらに気分が沈んじゃう。

だから**悩んだ時は、意識して頭を空っぽにしてみる。知恵で、ああだこうだと考えない。**

そうすれば心が落ち着いてきて、自然と前向きな気持ちになっていくんじゃないかしら。

自分を楽しませる方法　その二

それと、もう一つ。美味しいものを食べるのも忘れないで。

定期的に、胃ちゃんに大好物を食べさせてあげる

あなたの大好物はなんですか。落ち込んでいる時の自分を引き上げてくれる食べ物、いろいろ考えてみてください。

とにかく、そんな時は、あなたの五感を喜びで満たしてあげてほしいの。

前にも言いましたけど、私の好物は「生ハムメロン」。

メロンをスパッと半分に切って、そこに生ハムを載せてガブガブっと大胆にかぶりつく。こういう時ばかりは、「カロリーが、糖分が」って気にしなくてよし。悩んで、苦しんで、消耗してるわけですから、多少食べすぎたって構いやしません（お医者さんに止められているなら別ですよ）。

大好きなものを食べることは、ほかにも使い道があります。

それをご褒美として、何かやってみたいことをやるのです。

ちょっと気になっていたお店に行ってみるとか、行ってみたい場所について、まずはインターネットで調べて、現地の宿に問い合わせてみるとか。

歳をとると、すぐ疲れてしまったり、いろいろなことをするのが億劫《おっくう》になったりします。

疲れてしまった自分を想像すると、何事もエネルギーを必要とすることをやるのは後回しにしちゃう。そんな気持ちわかります。

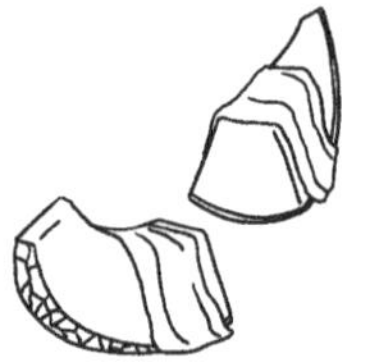

でも、ご褒美があれば、あなたの背中を押してくれる力になるんじゃないかしら。

「美味しいもの」と「楽しいもの」で心身の調子を上げて、孤独にならない自分を作っていきましょう。

テレビに向かって会話しよう

テレビのおすすめ活用法をお伝えしましたが、もう一つ、とっておきのいい使い道があります。

それはテレビと会話すること。

要するに、出てくる人物に向かって、話しかけるんです。

これなら、**歳をとって一人暮らしでも、家族や友だちが近くに住んでない人でも、家から一歩も出たくない人だって、できちゃいます。**


よくヒマつぶしで、ボーッとテレビを観る人がいますけど、あれはダメ。

脳を老化させないために、ヒマな時間を作らないでください。

何も、常に忙しくしろってことではありません。

テレビを観ることだって、ヒマをつぶすためにしないでほしいのです。仕方ないから観るのではなく、「観たいから観る」という行動にしてほしいのです。


そして、どうせ観るなら、その世界にどっぷり浸って、入り込まなきゃ。

そのためには、テレビと会話するといいよってことなんです。

どんなふうにやるかって。

私のお気に入りは、『暴れん坊将軍』の吉宗公。

馬に乗って走ってくる姿を見て、「待ってました！」って声をかけるの。

身分を明かして、悪い奴らをバッサバッサと叩っ斬る無双のシーンでは、「まいりました～」って頭を下げちゃったりして。

これが、やってみると、結構楽しいのよ。

「テレビに話しかけるなんて、孤独でみじめだ」

いえいえ、そんなことはありません。

一人で黙って観るより、声をかけたほうがずっと楽しく観れるし、その世界にグッと入り込めるから、悩みをずっと消しやすくなるし、おすすめよ。

「声を出す」って、その行為も大事。人と話すだけで、私たちの脳みそちゃんは、ものすごく活性化しているの。**話の相手がテレビの中にいる人だって、いいじゃない！**
まわりに、あなたの姿を見て変だという人なんていません。おもいきり楽しんじゃいましょうよ。

言ってみれば、自分もテレビの中の人になったつもりで、演技をするわけです。
相手が「美しいですね」って言ってきたら、「あら、ありがとう」なんて返して。
何か命令されたら、「はっ、かしこまりました！」って頭を下げて反応する。

コツは、**お気に入りの登場人物（俳優）を見つけて、その人と会話をするようなつもりでしゃべってみること。**受け答えに正解はありません。自分が楽しければいいから、そういう気持ちになる受け答えをすればいいんじゃないかしら。

そういうことをしていると、なんだかその気になって、我がことのようにドキドキしたり、悲しい場面では泣けてきたり、現実の悩みから遠ざかることができる。テレビ相手にしゃべって芝居していると、自然と悩みが脳みその外に追い出されていくわけですよ。

話し相手は、ぬいぐるみや人形だっていい

芝居が苦手という人は、歌番組で一緒に歌を歌うのもいいと思います。

私もテレビで好きな曲が流れてきたら、一緒に歌っちゃう。歌に自信がなくても、誰も批判してくる人はいません。ノリノリで歌えば、悩みも不安も吹き飛んじゃいますよ！

そのためには、ドラマ、バラエティー、歌番組……今のうちに好きなものを増やしておくといいわ。

芝居でも歌でも、自分のお気に入りをいくつか持っておいて、いざって時に自分の気分に合うものを引っ張り出してきて、演技したり歌ったりする。

こういう習慣が身につくと、自分で自分を楽しませられる人に、いつでも機嫌の良い人になっていけるんじゃないかしら。

「テレビ相手に会話や歌うなんて、できそうにない」という人は、**お気に入りのぬいぐるみや人形相手に会話するのでもいいと思います。**

人じゃない、ものに向けて、一方的にしゃべって会話できるようになるには、しばらく時間がかかるでしょうけど、できるようになれば孤独の沼にハマらずに済むはずです。

孤独というのは、ともすればズブズブとハマり込んでしまうもの。

一度ハマったら、這い上がるには大変な気力、体力が要るものです。

普段から対策をしておいて、孤独にハマり込まないよう、ブレーキをかけてくれるものを持っておくに越したことはありません。

メモして振り返り、記憶を定着させる

物覚えが悪くなった、物忘れもひどくなった、認知症なんじゃないか……。
高齢になると、そんな不安も増えますね。
そういう人は、不安がる前に「メモ」を習慣にしてください。
何も対策せず、不安を抱えていても、一つもいい方向に向かいません。

メモなら、紙とペンさえあれば、今すぐあなたの人生に役立ってくれます。

メモは本当に大事です。
私は、鞄の中はもちろん、枕元にもメモとペンを置いています。
やることだけでなく、思いついたことを、その都度なんでも書き留めます。
メモの習慣なくして、経営も人生もありえないと言ってもいいくらい。
いまだに、さほど物忘れに悩まされないのも、メモのおかげかもしれません。
私の代わりに、メモが覚えていてくれるから。
なぜメモが良いかというと、書くと覚えるんですね。
メモする時に、口で言いながら書く。そうすると「音」でも覚えます。
例えば、明日、美容院に15時に予約したことをメモするなら……

「明日は3時に美容院～♪　明日は3時に美容院～♪　3時！　美容院♪」

なんて、歌にしちゃうと楽しいかもしれませんよ。


文字で書けば、「脳みそちゃん」は、一枚の画像・絵として覚えてくれます。

さらに、メモを見返すことも大事。そのための振り返りのメモでもあります。

こんなふうに複式で覚えると、黙って頭の中に置いておくより、記憶が定着するということなんじゃないかしら。

とりわけ、物忘れを防ぐには、書いたものを見返すことが大事だと感じます。
記憶したことを脳みそからでなく、メモを見て引っ張り出すんです。
だから、**書いても、それを捨ててしまったり、なくしてしまったらダメ**です。
いつでも、どこでも、書いて、見て、思い出せるよう、リビングやキッチンなど、
自分の行動範囲に、紙とペンを置いておくといいと思いますよ。

記憶の助けに、カレンダーを活用する

「予定や約束していたことを忘れてしまう」という場合は、カレンダーを活用しましょう。

やってみていただきたいのが、**予定当日の二日前から書き込む**という方法。

例えば「友人と食事をする」という予定があるとしたら、

その当日のところには、赤色で「●●さんと食事」と書きます。

そして、予定の日の2日前になったら、黒色で「●●さんと食事する2日前」と書く。

予定日の前日になったら、青色で「●●さんと食事する1日前」と書きます。

そうすると、当日の2日前から気をつけるようになるし、同じことを3回も書くわけですから、「すっかり忘れてた！」が防げます。

色違いで記しておけば、優先度や重要度が一目でわかり便利ですよね。

自分が覚えていても、相手が忘れてしまっているかもしれない。

そんな心配があるなら、黒字や青字の日に連絡を入れてあげてもいいわね。

2日前なら、「あなたとの食事の予定、あと2日ね。楽しみ！」と伝えてあげる。

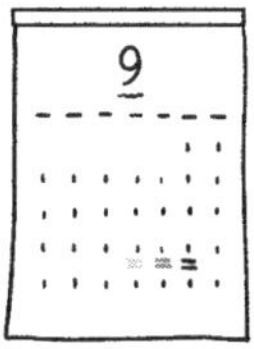

そうすれば、相手のうっかりも防いであげられて一挙両得です。

相手が予定を覚えていたとしても、相手は「そんなに楽しみにしてくれているのか」と思って、嬉しくなってくれるはず。

高齢になると、物忘れもうっかりミスも、世間は大目に見てくれることがあります。

約束を忘れても、大事な人の名前を失念しても、「まあ歳だから、仕方ないよね」

で済ませてくれるかもしれません。

でも、それに甘えてはいけません！　たとえいくつになろうと、約束や名前を忘れてしまうのは、やはり敬意に欠けた失礼な行為です。

相手をガッカリさせたり、信頼を失ったりすることにもつながりかねませんよね。

忘れないように気をつけるのは、信頼を保つためのマナーなんです。

「メモ」や「カレンダーへの記入」は、もちろん自分のためでもありますけど、それ以上に、自分を支えてくれる誰かのための、思いやりの一つだと思っていただきたいです。

「モノを捨てる」に執着しない

近年、「断捨離」が注目され続けていますね。

特に高齢者の場合、生前整理とか老前整理とか言って、モノをどんどん捨ててスッキリするのがいいように言われがちです。


でも、私はちょっと賛成できない。

まだ元気なうちから、なぜそんなに「断捨離、断捨離」って言うのかしら。

古くても使わなくても、モノにはそれぞれ思い出が宿っています。思い出のある大切な品々を、簡単に捨てられるわけがないじゃないですか。

なんの思い入れもない、ただのゴミなら、そりゃ捨てたほうがいいです。

要らなくなったものを捨てて整理整頓するのは、確かに必要。

自分がいなくなったあと、子どもや親せきに余計な手間をかけさせないようにと、配慮するのも大事なことだと思います。


でも、だからって大切なものまで無理して捨てる必要なんかない。

「迷惑をかけるから、捨ててしまおう」なんて考えなくていい。

それは**自分がいなくなってから、誰かにやってもらえばいい**んです。


私にも、捨てられない思い出の品、たくさんあります。

母が履いていた手編みの靴下や、お茶を飲むのに使っていた湯飲み。

息子が赤ちゃんの時に着せた産着《うぶぎ》、亡くなるまで着ていたトレーナー。

湯飲みは欠けちゃってるし、産着も色が変わってヨレヨレだけど、母や息子との大切な思い出が詰まっているから、絶対に捨てられません。

すぐ出せるところにしまってありますし、息子のトレーナーはパジャマがわりに毎晩着て寝ています。

大切な思い出の品って、ただのモノじゃなく、もう自分の一部みたいな気がするんですね。

「宝物」は大事にしてほしい

もちろん、誰かとの思い出の品だけじゃなく、自分自身の思い出の品も大切です。

例えば、楽しかった旅のお土産や、頑張った自分へのご褒美に奮発して買ったお洋服など。

着古してしまって外に着ていけない、体型が変わってしまってもう着られない、そんなこともあるでしょう。でも、そのモノに思い出があるなら、大事に持っていてもいいいんじゃないかしら。

私も20代のころ、ちょっと背伸びして、外国で高価なセーターを買いました。もう60年ほど前のものですけど、すごく気に入っているし思い出もあるから、いまだに捨てられません。捨てようと思ったこともありません。

「そんな何十年も前の流行遅れのものを……」って思うかもしれませんけど、たまに着て出かけると、「素敵ですね、どこで買ったんですか？」って言われるの。

自分にとって大切なものなら、古いも新しいも、流行りかそうでないかも、関係ないってことなんじゃないかしら。

時代遅れだから恥ずかしい。役に立たないものは捨てるべきだ。
そんな世間の目や常識なんか、気にする必要なし。
自分が大事だと思ったら、古着でも紙切れでも宝物ですよ。宝物を捨てる人なんて、いませんよね。

1年以上使わなかったものは、役に立たないもの、今の自分に必要ないもの、だから捨ててしまいましょう、みたいな話もあるようです。

でも、役に立つかどうか、使うかどうかだけで割り切れないものもたくさんあると思います。使わないけど、なんとなくもったいない。使ってないけど、捨てる勇気が湧かないものだったら、無理して捨てなくてもいいと思うの。

私は、息子が最後に書いたメモや、菓子折についていた息子が結《ゆ》わえておいてくれたリボンも、捨てずにとってあります。

他人から見たらゴミ同然でしょうけど、私にとっては大切な人の気持ちが宿った、かけがえのないもの。

「これを使ってたんだな」「几帳面に残してくれたんだな」って思うと、泣けてきます。

他人に触れてほしくないし、断捨離で手放すなんてもってのほかです。

そもそも本来、**断捨離すべきなのは、モノじゃなくて心よね。**

古くなった品物より、積年の恨みつらみや、誰かを責める心を捨てたほうが、ずっと風通しよく心豊かに暮らせるじゃないですか。

こんな嫌な目に遭わせられた。あの人にあんなに苦しめられた。

そういう気持ちを、いつまでも心にしまっておくつもりですか。

そんなものこそ、今すぐ断捨離しなさいって言いたいです。

「少し嫌がる」「少し無理する」が、健康や若々しさを保つ

歳なんだから、もう頑張らなくていい。
できるだけ無理せず、ラクに生きていい。
歳を重ねれば重ねるほど、みなさんそう思いますよね。

でも、それはどうでしょう。

頑張らずラクばかりするということは、成長しないということでもあります。

成長しなければ、そのぶん若さも健康も損なわれ、枯れていきます。

「若いわけでもないのに成長なんて」と思うかもしれないけれど、健康や若々しさを保つには、いくつになっても成長が必須！

だって、日々、体力も心の状態も、放っておいたら自然とマイナスに傾いていくのが私たちシニア世代です。だったら、少しずつでもプラス側に向けて努力しないと、どんどん老いていくばかりです。

そのためには、**「少し無理すること」が大切**です。

もちろん、無理しすぎるのはいけません。
頑張りすぎず、自分を甘やかしすぎず。
例えば、「もうちょっと横になっていたいな」「歩きたくないな」などという時、「いや、起き上がってコーヒーでも飲もう」「途中まで頑張って歩いてみよう」と、少し自分を奮い立たせる。

そのためには**ラクを「少し嫌がる」ことも大切**です。

若さのために、ほどよく嫌がり、ほどよくほしがる

ある高齢の女性が、こんな話をしていました。

「重い荷物を持って歩くのがしんどい」と子どもに言ったら、手押し車(シルバーカー)をすすめられた。

「使ってみようかとも思ったけれど、手押し車を使う姿に抵抗を感じ、『なんだかイヤだな』と思った」

やっぱりまだ手押し車は使いたくないから、重いものは持たないようにしつつ、少

し無理してでも、手で荷物を持って歩こう。そう思ったのだそうです。

この女性の場合、「抵抗を感じた、イヤだなと思った」＝ラクを少し「嫌がった」わけね。

もちろん、体調や健康状態によっては、便利なものは使ったほうがいい場合もあるでしょうけど、できるのであれば頑張ってみる、少し無理してみるといい。

例えば、こんなふうに想像したらいいのかも。

これを受け入れてしまったら、「また、シワが一つ増えるかも」「また、腰が1センチ曲がるかも」……これは、ちょっと受け入れがたいですよね。つまり、少しラクを嫌がるわけです。

その少しラクを嫌がることの連続が、健康や若さを保つことにつながるんじゃないでしょうか。

便利な世の中ですから、ちょっと気を緩めたら、どんどん何かに依存していってしまいそうだから。依存するってことは、自分を甘やかすってことでもあると思うの。

私も、こんな経験があります。

まだ60歳にもならないくらいの時、自分より年上の女性を見たのね。彼女は紅もささない顔をしていたの。肌はガサガサで、髪の毛もツヤがなくて真っ白け。

そんな姿を見て、**自分はそういう道を辿《たど》りたくないと思った**の。

いつまでも若々しくて、つややかで、元気いっぱいのまま歳を重ねたいと思ったの。

私も少しラクを「嫌がった」結果、今のように健康や食べ物に興味を持って、勉強するようになったのね。

歳をとりたくないと思うことは、「健康や若さをほしがる」とも言えます。

「ほしがる」と言うと下品に響きますけど、全然恥ずかしいことじゃありません。ほしいものを貪欲に求める。それが健康や若さを保つ基本なんです。

ただ、ほしがって何かを頑張りすぎたりすると、心や体が疲れてしまいます。五分五分でバランスよく、ほどよく嫌がり、ほどよくほしがることが肝要です。ポイントは、「少し」ですからね。心にとどめてみてください。

ただ、ぼーっと歩くのをやめる

歳をとると、どうしても人を頼ったり、何かをしてもらうことが増えます。最新のスマホの使い方がわからない→誰かに設定をやってもらおう

スーパーでお米が重くて持てない→誰かにカートに載せてもらおう

こんなふうになりがちです。

ともすると、「してもらう」ばかりに慣れてしまって、「人に何かをしてあげよう」という気持ちを、自ずと持てなくなりがちです。

でも、何事も受け身で考えることが増えると、老いを進めることになってしまいます。じゃあ、どうすればいいか。

若々しく毎日を幸せに暮らすには、**「自分にできることはないかな？」と考えて、何かしら目的を持って生きる**ことが大事です。

できることと言っても、大したことじゃなくていいんです。

例えば、道で困っている人がいたら、「大丈夫ですか？」「できることはありますか？」って声をかけてみる。

シニアが人を助けたっていいじゃないですか。声をかけられるほうも助かるし、声をかけたほうも人の役に立てて一石二鳥。役に立てる機会を自分で作るって、それもまた素晴らしいことですよ。

私の場合は、道を歩いていて、気になった人や素敵だなと思った人には、自分から声をかけます。道を歩いていても、ただ歩くのはもったいない。常に、誰かいい人はいないか、ずっと観察しているんです。

それで、**気になった人に声をかけて、名刺を渡すの。目標は1日3枚。**

「ベテラン経営者だと、自分から声をかけなくても人が寄ってくるのでは？」と思うかもしれませんけど、そうじゃない。大事なのは、自分が気になった人に声をかけるってことです。能動的にね。

知らない人に話しかけるなんて難しい。そんな人は、実際に声をかけるチャンスがなくても、心の中で考えるだけでもＯＫです。

例えば、健康のためにウォーキングやジョギングする時、**「何か役に立てることはないかな？」って考えながら走る。**

あるいは、「こんなことをしてみようかな？」「よし、あれをやってみよう！」って、あれこれ想像しながら走る。

何も考えず、青空の下を手ぶらで走る人と、こういうことを考えながら走る人。

あなたはどちらですか。どちらを選んだら豊かな自分になれると思いますか。

自分の幸せと他人の幸せをつなげてみる

私は、街中や川べりで人がジョギングしている姿を見ると、思い出してしまうんです。戦時中、焼夷弾《しょうい》が降ってくる畦道《あぜ》を、必死で逃げて走ったことを。弾に当たって亡くなる人が何人もいて、中には被弾して背中から血を流している赤ちゃんをおぶって逃げ惑っているお母さんもいて。

そんな経験が思い出されると、考えずにはいられないのね。自分のために走るのも結構だけど、自分のことも大事だけど、今この瞬間、誰かのためにできることがあるのでは、尊い命や社会のためにやれることがあるのではってね。

何も考えず、爽やかな気持ちで走るのも楽しいでしょう。

でも、**私は「誰かの役に立つことはないかしら？」って考えながら走りたい。**

だって、それが誰かの幸せに、幸運につながるんですから。つまり、自分も幸せになるってことでしょう。

せっかく走るなら、幸運を掴もうって心に決めて走りたいですから。

あなたも、私と一緒にどうですか。「もう歳だから」なんて言わないで、今の自分に何ができるだろうかって考えて、幸運の道を進んでいきましょうよ。

人生のハンドルを握るのはあなた

歳をとると、怖いものって減ってきそうです。

子どもであれば、お化けとか、勉強とか宿題とか、お母ちゃんなんてのがあるのかもしれませんが。

でも本当は、年々、歳をとることは怖いですね。特に、怖いのが認知症。

70代、80代ともなってくると、実際に身近に認知症の人がいる、という人も多いかもしれません。

食事したことも、子どもの顔も忘れて、あちこち徘徊《はいかい》して周囲に迷惑をかけて……。

そんな姿を見たり、話を聞くと、「認知症って怖い」「認知症にはなりたくない」と不安に感じてしまいますね。

今現在は元気だし、記憶もしっかりしているけど、私もいつどうなるかわからない。認知症の人の姿を見ると、「明日の自分の映《うつ》し鏡かもしれない」と思ってしまうこともあります。

でも、**悪いほうに考えたら絶対ダメ。**
そうやって自分に言い聞かせています。

認知症になる人もいるけど、ならない人もいる。
たとえ、なったとしても、必ずしも不幸になるとは限らない。
認知症になった人の気持ちは、私たちでは推し量《はか》れません。
だから、どうせなら「良いほうを見ましょうよ」って言いたいです。

だって、悪い側面ばかり見ていたら、脳みそちゃんに悪いことばかり入っちゃう。

脳みそちゃんのアルバムが悪いことだらけになっちゃう。

そうしたら、事態は本当に悪いほうに向いていってしまう気がしませんか。

無意識に、「そうなりたくない」っていう方向に引っ張られてしまうものです。


自分がどう変わっていくか、人生のハンドルを握っているのは自分です。


例えば、「だめだ、また約束してたこと忘れてしまった。物忘れが増えてきちゃったなあ」なんて、反省することありますよね。

でも、ちょっと違う側面から考えてみましょうよ。

「約束を破ってしまった。今度は気をつけよう。でも、また会うまでの楽しみな時間が増えた」、そんなふうに思うことだってできます。

起こってしまった事実は変えられませんが、それをどう受け止めて、どう未来につなげていくかは、あなた次第です。

もちろん、自分ではどうしようもないこともありますけど、それでも握れるハンドルはしっかり握って、なりたい自分になっていくよう運転する。

不安になったら、そんな気持ちを持ってみましょうよ。

人生はコインの表裏のようなもの、そう思って乗り越える

「そう言われても、自分は心配性で……」という人、それも悪いことじゃないのよ。

心配の深さは、気づきの深さ。

自分を真剣に見つめているってことじゃないですか。

心配してしまうってことは、いろいろ気づくということですから。悲観的にならないで。これも、表側を見ることにつながるわね。

心配も気づきもなく、いつも能天気でいるより、ずっといいですよ。

いろいろなことに気づくからこそ心配して、自分を良いほうに向け、悪いほうに行かないようにもできる。そんなふうに考えていただきたいです。

みなさんの中には、認知症の連れ合いや親御さんの介護をなさっている人もいるかもしれません。

介護がしんどくて仕方ない。なぜ、こんなに苦労しなければならないのか。

そんな思いで毎日を過ごしておられる人もいらっしゃるでしょう。

でも、人生というのは、悪いことばっかりじゃありません。

コインに表裏が存在するのと同じで、幸不幸も表裏一体。そう考えてください。

もしも、今のあなたの人生が不幸だとしたら、その裏側には幸せがあるのです。

つらいことの裏側で積み重なった幸せが、そのうちバーンと裏返ってやってくる。

つらい思いの分だけ、そのあとには必ず良いことが起こってくるものだと思います。

もっと言うと、たとえ不幸のどん底にいると思っていたって、そこにも光である「表側」は存在すると思います。「不幸である今」にいたら、そこまで強く思えないこともあるでしょう。でも、裏を向いているからには、表はいつかやってくるのです。

これは、私が88年生きてきた中で得た、確かな実感です。

もうダメ、こんなにつらいことなんてない、もう立ち直れない。

そう思ったことが、何度あったことか。

でも、私はまだ生きてるし、そんなにつらかったことの大半は、もう覚えていません。いつの間にか立ち直って、それなりに楽しいこともあって、なんとかやってこれたのです。

だから、今つらい人、苦しい人は、**「絶対いつか、裏返して幸せをとったるぞ！」**って、心底思って生きてほしいのです。

「幸せ側」になるまで、ジタバタしてみる

幸せって、なんでしょう。

人によって違う形があるのでしょうけど、88年生きても、その質問にうまく答える

術を持っていません。

「今、幸せだわ」と思える瞬間はありますけど、そういう幸福感って、なんとなく消えてしまうし、どこかフワッとして、掴みどころがない感じがします。

手に入れたと思ったら、シャボン玉のように、すっと消えてしまう感じ。

でも、不幸はそうじゃない。ガーンと塊でやってくる。

地響きを立てて、雷や爆弾のように襲ってくることもある。

しかも、不幸というのは、いつまでも消えずに残っていたりしますよね。

このくっきりとした不幸の塊を、取り除いていく。

不幸の塊を削っては捨て、削っては捨て、一つ一つなくしていく。

そうすると、いつの間にか、コインの不幸側が裏返って、幸せの側になっている。

それが人生かもしれません。

不幸に直面すると、誰だって逃げたくなります。
苦しみやつらさから逃れたくて、何もかも考えないようにして、なかったことにしたくなると思います。

でも、それじゃ解決になりません。
つらいのを覚悟で問題と向き合わなければ、いつまでたっても不幸のまま。

じゃあ、どうしたらいいか。

その苦しみに、いっそどっぷり浸《つ》かるんです。

「そんなのバカげてる、絶対イヤだ！」

そう思われるかもしれません。そう、でも、その気持ちを逆に利用するのです。

なぜ、こうも極端なことを言うか。理由は、私たちシニアには、若者と違って残された時間がものすごくあるわけではないからです。だから、応急処置的に過激なことを言っているのですが、そういう気持ちで生きてほしいということでもあります。

1分1秒でも、長く「幸せ」であるために

苦しみに浸かる時には、体全部を浸けるほど、全身を不幸に浸《ひた》して身に染み込ませてください。

そうすれば、苦しくなって、どうにかそこから逃れようと思います。

お風呂場で全身をお湯に沈めたら、苦しくなって、息をしようと顔を上げますよね。

それと同じです。

不幸に浸って苦しくなったら、そこからなんとかして逃れようと、工夫が生まれてくるはずです。

少なくとも、どうにかしてここから逃れられないかと、一生懸命考えるはずですよね。

大事なのは、あきらめないこと。もがいて、あがいて、考えて、工夫を重ねていれば、状況が変わる瞬間があるはずです。それは、自力で解決できることもあるでしょう。時には、人が助けてくれるかもしれません。

恥ずかしいとか言っていられません。思い切り、力の限り、ジタバタしてください。それを、人に見せてください。叫んでください。だって、私たちには、1分1秒が大事なんですから！　1分1秒も早く、不幸から抜け出す必要があります。

時々、「この暗く長いトンネルは、いつまで続くんだ」と、気持ちが落ち込む時もあるでしょう。でも、そのトンネルが永遠に続いていくことはありません。あきらめない限りは。

気持ちが落ち込んだ時は、前述でおすすめした気分を上げる方法（２５０ページ）などを駆使しながら、なんとか切り抜けてください。

そうしているうちに、ある時ふっと光が差し込む瞬間が訪れるはずです。慌てず、焦らず、工夫をし続ければ、いつか絶対そこから這い上がれます。

苦しみから生まれた工夫が、幸せを連れてきてくれるはずです。

だから、なかなか消えない苦しみの深さは、あなたの「未来の財産」とも言えます。それは、喜びとともに、たくさんの知恵や工夫をもたらしてくれ、あなたをいずれ豊かに、幸せ作りの名人にしてくれます。

だから苦しい時ほど、その苦しみをギュッとその掌《てのひら》に握り込めてください。
その**苦しみの塊は、幸せのカケラ**だというのを忘れないでください。

あとがき

長生きして、かえって子どもに迷惑かけたくない。
認知症になったらと思うと、不安でしかたない。
最近、料理するのも、食べるのも面倒くさい。

歳をとると、いやでもこういう気持ちが襲ってくると思います。

でも、私の生き方、考え方を読んでもらって、そういうマイナスな感情を乗り越える術《すべ》があることに気づいていただけたかしら。

私だって、不安が全くないと言ったら嘘になります。
今は健康でも、また転んで、今度こそ寝たきりになるかもしれない。

息子に先に逝《い》かれてしまったから、頼りになる人はもういない。

そう考えたら、不安で孤独で、嫌になりますよ。


だけど、そんなこと考えてみたって始まらない。

命があるうちは、否が応でも生きなきゃいけない。

それなら、今日を精一杯、身も心も前向きに、命を輝かせて生きるのが、人間の務めってもんじゃないですか！


大丈夫。一生懸命生きてたら、悪いことになんてなりません。

あなたの脳みそちゃんが、あなたを幸せに導いてくれます。

どう生きるか、どう死ぬかは、脳みそちゃん次第よ。

90歳代、１００歳代に向けて、図太く逞《たくま》しく、一緒に生きていきましょうよ！

人生は80歳からがおもしろい

発行日　2023年　12月11日　第1刷
発行日　2024年　1月　4日　第3刷

著者　吉川幸枝

本書プロジェクトチーム

編集統括	柿内尚文
編集担当	山田吉之
制作協力	栗原甚
編集協力	藤原千尋
デザイン	原田恵都子
DTP	藤田ひかる（ユニオンワークス）
イラスト	村田善子、ヤマサキミノリ
校正	土井明弘
営業統括	丸山敏生
営業推進	増尾友裕、綱脇愛、桐山敦子、相澤いづみ、寺内未来子
販売促進	池田孝一郎、石井耕平、熊切絵理、菊山清佳、山口瑞穂、吉村寿美子、矢橋寛子、遠藤真知子、森田真紀、氏家和佳子
プロモーション	山田美恵
講演・マネジメント事業	斎藤和佳、志水公美
編集	小林英史、栗田亘、村上芳子、大住兼正、菊地貴広、大西志帆、福田麻衣
メディア開発	池田剛、中山景、中村悟志、長野太介、入江翔子
管理部	早坂裕子、生越こずえ、本間美咲
マネジメント	坂下毅
発行人	高橋克佳

発行所　株式会社アスコム

〒105-0003
東京都港区西新橋2-23-1　3東洋海事ビル
編集局　TEL：03-5425-6627
営業局　TEL：03-5425-6626　FAX：03-5425-6770

印刷・製本　中央精版印刷株式会社

Printed in Japan ISBN 978-4-7762-1279-9